c r y s t   s

O R O

d e v o c i o n a l

BETANIA

Un Sello de Editorial Caribe

© 1998 EDITORIAL CARIBE/BETANIA
Una división de Thomas Nelson, Inc.
Nashville, TN – Miami, FL

www.editorialcaribe.com
E-mail: editorial@editorialcaribe.com

Título en inglés: *Gold*
© 1998 por Thomas Nelson
Publicado por *Thomas Nelson*

Traductor: *Javier Quiñones Ortíz*

Diseño de portada: David Riley y Asociados,
Corona Del Mar, CA
Fotografía: Norman Jean Photography

ISBN: 0-88113-521-6

Impreso en EE.UU.
Printed in U.S.A.

Contenido

Dedicatoria

Este libro está dedicado a los que han fortalecido mi corazón con su valentía ante la adversidad, las luchas y el sufrimiento. Creo verdaderamente que mediante sus vidas Dios obrará cosas inimaginables en beneficio de otros. Ustedes son ejemplos de su paz para conmigo:

La familia Wimber

Debbie Wimber

La familia Lam

Los Barrett

Los Younger

La Sra. Miera

La familia de Gloria Cleveland

Y a los que han apoyado mi obra y ministerio y continúan apoyándolo mediante Oro. *Que Dios bendiga su labor, sus vidas y la de sus seres queridos. Y que aquellos que los rodean puedan ver a Cristo a través de ustedes.*

Una fe tan pura como el oro

El viento revolotea fuera de mi casa. Está frenético y etéreo, como si una legión de fantasmas tratara de meterse a la fuerza. También tiene algo animal, como si una desesperada jauría de lobos andara agitada mordisqueando tras un rastro fresco.

Este viento es sonoro. Exigente. Arremete tanto contra las vigas como contra mi serenidad.

Pero adentro me siento cálida por mi fe en el techo, en las paredes y en los clavos que sostienen mi casa tan firmemente como pueden. Y estoy cálida por el pequeño calentador que Brian, mi esposo, me trajo para días como este. Bueno, de vez en cuando una brisa susurra a través del respiradero del techo; pero solo es una brisa. Puedo ignorarla con facilidad.

Fe. ¿En qué otra cosa tengo fe? En la silla en la cual me siento. En el lapicero que estoy usando. En un Boeing 737, que pesa cuarenta y ocho toneladas, pero la semana pasada tenía fe en que volaría, y siguiría volando.

En mi auto. Ajusto a mis dos niños, Salomón (cuatro años) e Isabella (casi dos años) en sus asientos, y tengo fe en que ocho zapatas de freno (con una superficie aproximadamente del tamaño de esta hoja de papel en la que escribo) detendrán el auto antes de que se deslice hacia el tráfico venidero, aunque pesa más de dos toneladas.

Tengo fe en Dios, y en la obra que su Hijo, mi Señor y Salvador Jesucristo, realizó en la cruz, y en Dios el Espíritu que aplica esa obra salvadora a mi vida.

Pero mi fe es frágil.

Cuando no hay muchos fondos en la cuenta bancaria y pienso en la próxima nómina de sueldos. Cuando la temperatura de Salomón sube a 104 grados. Cuando bajan las ventas de los discos compactos o los boletos. Sé, simplemente sé, que la vida tal y como la conozco va a empeorar. Hay momentos cuando tengo más fe en que este lapicero no se va a quedar sin tinta (aunque *sé* que no tardará mucho en pasar) que en la promesa de Dios de que jamás me dejará o abandonará. ¡Algunas veces tengo más fe en ese pedazo de hierro de cuarenta y ocho toneladas que me lleva volando a Cleveland que la que tengo en la provisión del Dios de la creación para mí y mi familia!

La grabación *Oro* y este libro de similar nombre hablan de esa fe. Mi fe, su fe.

Ahora bien, no comenzó de diferente manera. Empezó como con nuestras otras grabaciones, sin hacer ningún esfuerzo particular en hacerlas alrededor de un tema. Con las otras no se nos ocurrió una canción titular, para luego escribir canciones acompañantes a su alrededor. Simplemente escribimos la letra y música para cada canto, según el Espíritu nos movía, hasta tener doce canciones singulares. A juzgar por la aceptación de nuestros últimos esfuerzos para esas grabaciones, ese método funcionó bien.

Así que empezamos de la misma manera en esta ocasión.

Pero, ¿se ha levantado algún día para hacer las cosas como siempre, quizás de manera desorganizada y de un golpe, para percatarse súbitamente de que todo empieza a caer en su sitio mucho más efectivamente que como lo estaba esperando? Después, al caer el sol, puede ver cómo el Señor ha arreglado el día para sus fines y que lo capacitó para hacer cosas para Él que no se le habían ocurrido al empezar el día.

Oro fue así.

Casi desde el principio, esta grabación salió por rumbos inesperados, por los senderos de Dios. Y una vez escritas las once canciones, el tema de Dios, el himno de Dios, resonó. Todas las canciones salieron alrededor del tema del oro probado por el fuego.

Mi cuñado, Chris Lizotte, escribió la canción titular, *Oro*. La había grabado en una de sus producciones. Como podrá imaginarse, había escuchado la canción varias veces. Pero al comenzar a seleccionar las canciones para esta grabación, la escuché de nuevo y esta vez me tocó como nunca antes.

Es una gran canción y el título es muy bueno. Tiene mucho poder y significación para el cristiano. Pero lo que realmente me atrajo de la canción es lo que decía. Chris tomó la palabra *oro* de Job 23.10: «Mas Él conoce mi camino; me probará, y saldré como oro».

Inmediatamente percibí que ese versículo tenía mucho que decirnos hoy en día.

«Él conoce el camino que tomo...»

Hoy en día en nuestro país cuando se burlan del cristianismo, cuando se desdeñan los principios cristianos, cuando el sexo, el pecado, y la violencia parecen haber ganado tanto del terreno que vemos diariamente, desde la programación televisiva para niños hasta las noticias vespertinas, sabemos que Dios está allí con nosotros.

Job 23.10 significa que podemos buscar la sabiduría y el consuelo de Dios cuando la vida simplemente nos abruma. La canción *Oro* trata específicamente sobre las madres solteras. No importa cómo llega una mujer a ese estado, hay pocas experiencias en la vida que sean tan agotadoras. Imagínese en guardia veinticuatro horas al día, siendo tanto padre como madre, sin tener a nadie con quien discutir los difíciles asuntos como la disciplina y cuándo se enseña determinada cuestión. Los problemas no solo se detienen ante una madre soltera, sino que continúan hasta el final. Una amiga soltera con una hija de siete años dice que lo más difícil para ella, como madre soltera, es ir a los programas escolares navideños de su hija y ver a todas las familias, las madres y los padres, disfrutando juntos del programa mientras ella se sienta sola.

No importa qué prueba sobrellevemos, la sobrepasamos con Él.

«Cuando me haya probado, saldré como oro». Esto realmente me habló al corazón.

Sara es una querida amiga mía. Pasamos por nuestro primer embarazo al mismo tiempo. Su esposo es un músico con quien nos relacionamos frecuentemente, así que nos hemos hecho muy buenas amigas. Nos agasajamos mutuamente para celebrar el nacimiento de nuestros bebés, soportamos juntas los mareos y los vómitos mañaneros, vimos exceder nuestro peso aceleradamente, y juntas nos preguntamos si alguna vez volveríamos a ser atractivas.

Después que nacieron Salomón y Kimberly, intercambiamos opiniones sobre cómo amamantar, la fiebre, etc. Los chicos se sonrieron más o menos al mismo tiempo, y también le salieron los dientes más o menos al mismo tiempo. Discutimos programas prescolares y docentes en computadoras, así como considerar diferentes opciones escolares tales como la pública, la privada, y la educación con tutores.

No estábamos indisolublemente unidas, pero éramos amigas enfrentando juntas asuntos similares.

Pero, resultó que no compartíamos en todos los aspectos de la vida.

Hace un mes se le diagnosticó leucemia a Kimberly.

Fe. En momentos como este, es todo lo que tenemos. Sin palabras, ni acciones. Sin frases de consuelo. Nada de lo que uno pueda decir o hacer importa. Nuestra única ayuda es la fe: no importa cuál sea la prueba, Dios nos ayudará, y cuando se apague el fuego, seremos como oro.

La canción *Oro* no solo trata sobre la fe y el metal valioso que resulta de la misma, también alude a la lucha que nos ayuda a sobrellevar las pruebas. Las verdaderas luchas como la que Sara, su esposo, y la pequeña Kimberly van a pasar. Y la lucha que sobrelleva la madre soltera mientras se ocupa de todas las cosas que la rodean. La lucha que todos sobrellevamos como cristianos en un mundo hostil.

La lucha de la vida tras las rejas

En ninguna otra parte la lucha por ser cristiano es más aguda que en la prisión. Tengo un pequeño ministerio para mujeres encarceladas, y aunque jamás he experimentado lo que estas mujeres enfrentan diariamente, uno puede entender esa batalla. Satanás está vivito y coleando en las prisiones: la violencia, el uso de drogas, la intimidación, las relaciones envenenadas.

Es bastante difícil si uno le sigue la corriente, crea su propio espacio, o se atrinchera a sobrevivir. Pero si ha sido tocado por la mano de Dios, y le ha entregado su corazón y alma a nuestro Señor Jesús, usted está llamado a servir allí, a distinguirse y ser contado, sin importar el peligro.

Candy es una mujer delgada, ciertamente no es alguien que uno perciba como victoriosa en las peleas. Después de estar en prisión durante más o menos un año, conoció al Señor. Antes de eso ayudaba a traficar drogas entre los prisioneros, pero después de su experiencia con Jesús, se negó a continuar en esta actividad. Esto ocasionó que la golpearan cuatro veces. Finalmente comenzaron a dejarla tranquila. La lucha de los fieles.

Una lucha que dura toda su vida. El Señor nos dice que tomemos nuestra cruz y lo sigamos. Nos dice que nuestras vidas serán difíciles y perseguidas. Pero también nos dice que nos ama y que allí estará con nosotros. Ese es el hilo que corre a través de esta grabación y este libro: la fidelidad de Dios hasta el fin de nuestras vidas, hasta el suspiro final.

Cada capítulo comienza con una foto que representa mi vida (Véase el Apéndice de fotos), una canción de la grabación y una explicación de por qué la escribí. Y dentro de cada capítulo hay una sección, «Versículos tras la canción», en la cual comparto el texto que inspiró ese canto.

Así que, a medida que escuche las canciones que hemos escogido para usted, haga dos cosas. Primero, disfrútelas. Permita que trabajen en sus sentidos y puedan producirle alegría. Segundo, piense en lo que dicen, y si el mensaje vale la pena, aplíquelo a su vida.

Espero que cada capítulo ayude a fortalecer su fe, que ayude a purificar su oro mientras es refinado, y facilite su lucha, para que cuando se disipe la música, esté mucho más cerca de su Salvador.

Recuerda tu lugar

Mi padre me decía
que abuelita dijo así:
no importa lo que puedas alcanzar;
si eres grande o chico
para los demás,
recuerda tu lugar
para nuestro Dios.

Recuerda tu lugar, en Cristo,
te ve como algo suyo,
se alegra de saber que tú...
recuerda tu lugar, en Cristo,
su nombre está en ti,
oh sí; recuerda tu lugar.

Aquí te entrego ahora
la herencia de mi amor;
el don mayor que puedo darte es orar,
que siendo grande o chico
para los demás,
tú recuerdes tu lugar
en Jesús, tu Dios.
Hay una canción
muy dentro de tu corazón...

*Esta crecerá
con cada paso de tu andar,
hasta que al fin
el mundo entero pueda ver
tu lugar, recuerda tu lugar...*

—Crystal Lewis

Me crié al sur de California. Anaheim, para ser exacta. Mi padre pastoreaba la Primera Iglesia del Nazareno en Anaheim. Mi madre estaba a cargo del ministerio musical. Cantaba, tocaba el piano, el órgano, dirigía el coro, la congregación, y organizaba la música especial, ¡que muchas veces me incluía! Mi vida transcurrió en ese ambiente durante diecisiete años.

De mis padres aprendí muchas cosas aunque es posible que creyeran que jamás aplicaría algunas de ellas. A través de los años se quedó conmigo una frase que ya he usado con mis niños. Mi padre acostumbraba a decir: «Recuerda quién eres». Era como si dijera: «No olvides a quién te has comprometido representar. No olvides el nombre que usas. No olvides de quién eres. No olvides dejar que Jesús brille a través de ti en palabra y obra».

Mientras salía de la casa camino a la escuela, a la iglesia o si acudía a alguna cita, a cualquier parte que fuera, esa frase permanecía en mi cabeza como si estuviera escrita dentro de una burbuja pequeña, como en las caricaturas.

En aquel entonces, a los catorce, quince, o a los dieciséis años, era común que respondiera defensivamente, probablemente porque sabía que no le daba a mis amistades el ejemplo esperado de una hija de pastor. Me encontré en varios enredos en los que, como cristiana, no debía haberme encontrado.

Recuerdo uno que, de no ser tan serio, sería cómico. Tenía catorce años y deseaba ir adonde quisiera y hacer lo que deseara. Estas dos cosas estaban relacionadas con una feria que instalaron en el estacionamiento de una iglesia local. Me encantaba subirme en los aparatos de las ferias, pero me gustaba más hacer lo que el resto de mis amistades hacían. Mi padre se negó. Realmente se negó. No le gustaban las amistades con las que andaba, y las ferias, sin importar dónde estuvieran instaladas, no le llamaban la atención que yo fuera con ese tipo de amistades. «Muy bien» dije, y me apresuré para reunirme con mis amistades en una de sus casas y hacer planes para ir de todas maneras.

La madre de esta amistad decidió que lo que nos hacía falta era tomar alguna bebida alcohólica. (Ahora puede entender por qué estos muchachos le alteraban los nervios a mi padre). Así que tomamos cerveza y vino. Bueno, no tengo mucha carne en mis huesos y un poco de alcohol me afectó mucho. Así que, con la vista un poco difusa, caminando un poco mareados, nos fuimos todos a la feria.

Ahora bien, mi padre no está en contra de las ferias. En realidad las considera como algo bueno y una oportunidad para que los niños gocen de la compañía de sus padres. Así que decidió llevar a mi hermana menor.

Salí tambaleándome de la estrella, mirando para todas partes, cuando él y yo nos vimos. Allí no se agitó. Pero cuando llegamos a casa...

Satanás tiene la curiosa habilidad de hacer que la conducta inapropiada no parezca tan mala. Su apellido es Sutileza. En aquel entonces ciertamente creí no haber hecho nada muy malo. Pero al recordarlo, creo que mi padre mostró un control asombroso al dejarme simplemente con vida. Por eso es imperativo seguir la dirección que se nos ofrece en Efesios 6.11-13:

Vestíos de toda la armadura de Dios, para que podáis estar firmes contra las asechanzas del diablo. Porque no tenemos lucha contra sangre y carne, sino contra principados, contra potestades, contra los gobernadores de las tinieblas de este siglo, contra huestes espirituales de maldad en las regiones celestes. Por tanto, tomad toda la armadura de Dios, para que podáis resistir en el día malo, y habiendo acabado todo, estar firmes.

La vida es nuestra batalla. Esta armadura es nuestra protección. La victoria será nuestra solo con nuestras mentes y corazones afianzados en nuestro jefe supremo.

La victoria eterna

Mi padre creció en Louisville, Kentucky, en donde su padre pastoreó la Iglesia Broadway del Nazareno. Su madre se pasaba todas las horas del día trabajando para mantener limpios, vestidos y alimentados a mi padre y sus cinco hermanos y hermanas. El resto del tiempo se la pasaba arrodillada, ante el Señor, orando a favor de ellos.

Le encantaba decirles: «No me importa si son exitosos aquí en la tierra siempre y cuando lleguen al cielo». Esa era su oración para su familia: Que conocieran a Dios, y vivieran una vida entregados alegremente a Él.

Los hijos de pastores no son los únicos a los que se les debe exigir cumplir las reglas bíblicas. Cualquier hombre, mujer, niño, o niña que está en Cristo ha de vivir según el patrón que Jesús mismo estableció. Actualmente algunos llevan los brazaletes QHJ (¿Qué haría Jesús?), que salieron al mercado por vez primera en 1996 y que confeccionara un grupo juvenil en Michigan. Esas tres palabras son la única medida necesaria para todo aquel que siga a Cristo.

No hay un «lado secular» de la vida cristiana. Jesús debe ser Señor *de* todo o no es Señor. Todo o nada. Sí o no. Cristo es la cabeza de cada aspecto de nuestras vidas. Él conoce y le interesa todo, hasta el detalle más insignificante, así como un padre se interesa en cada aspecto de la vida del niño.

Tengo todas las intenciones de enseñarle a mis hijos lo que me enseñaron mis padres: No importa lo que diga el mundo que debamos hacer o ser, es a Dios a quien debemos tratar de complacer. Finalmente, que todos los días, en todas partes, en cada situación y bajo cualquier circunstancia... ¡deben recordar quienes son!

Versículos tras la canción

Por lo cual,
Salid de en medio de ellos, y apartaos, dice el Señor,
Y no toquéis lo inmundo;
Y yo os recibiré,
Y seré para vosotros por Padre,
Y vosotros me seréis hijos e hijas,
dice el Señor Todopoderoso.

2 Corintios 6.17, 18

Mi padre no solo reflejaba su criterio en lo que enseñaba, sino que reflejaba fielmente a la Escritura, como está en 2 de Corintios. Como pastor y ejemplo cristiano a su congregación, y realmente a toda la comunidad, mi padre tenía que ser un padre bueno y apropiado, hasta en algo tan aparentemente inofensivo como una feria local. Le hacía falta estar allí con sus niños para asegurarse de que todo saliera bien. Probablemente quería que fuera con él pero no le di la oportunidad de explicarse.

Deseo haber podido recordar quién era antes de desobedecer a mi padre e irme a la feria con mis amistades. Las Escrituras son muy claras.

Dios desea estar *en* el mundo, esparciendo su mensaje de vida, verdad y paz, sin ser *del* mundo y adoptando su filosofía de «hacer lo que le hace sentir bien». Como tengo hijos pequeños, muchas veces tengo el desafío de explicar cosas como estas de forma tal que un niño de cuatro años pueda entenderlo.

El Señor le dijo a los israelitas que le dieran una buena enseñanza a sus hijos, que les hablaran todo el tiempo sobre Él, que escribieran su ley en los dinteles de las puertas. Nuestro trabajo es ayudar a nuestros hijos a ponerse toda la armadura de Dios pieza por pieza.

Un niño puede ponerse la armadura

En nuestro hogar hay mucha música cristiana para los niños, como las cintas y videos *Psalty* y los Relatos *Veggie*, así como otras cosas que disfrutan mientras absorben las enseñanzas cristianas. Hasta Isabella, que casi tiene dos años, lo entiende casi todo. Anda por la casa cantando, «Jesús me ama... *yo no sé*!»

Tenemos además otra manera de enseñarle la verdad a Salomón e Isabella. Desde que tengo uso de razón, mi padre ha tenido lo que denomina como su *tarjeta de crédito*: una tarjeta con versículos bíblicos que lleva consigo y cambia cada mes. Ahora vive en el estado de Washington y mensualmente nos envía una tarjeta nueva, y de inmediato le enseñamos el versículo a Salomón. Entonces, para demostrarle a su abuelo que se lo aprendió, ponemos ese versículo en nuestra contestadora telefónica como parte de nuestro saludo. Salomón se divierte mucho con esto, todos los meses anuncia la llegada de la nueva tarjeta.

Su versículo favorito es Hebreos 4.12 (en términos sencillos): *La Palabra de Dios es una espada de doble filo*. Y su juguete favorito es una espada de juguete.

La oscuridad jamás asusta a Salomón. Siempre ha sido un niño valiente. Pero una noche, después de meterse en la cama y apagar las luces, la oscuridad lo atemorizó y me expresó su miedo. Estuvimos meditando en 2 de Timoteo 1.7: Dios no nos ha dado un espíritu de temor.

—¿Sabes? —le dije—, tu versículo favorito es Hebreos 4.12.

—Mamá, ¿la Palabra de Dios es una espada de dos filos?

—Sí. Y eso significa que la palabra de Dios es nuestra arma. Como tu espada de plástico. Y, ¿qué estamos aprendiendo este mes?

—Dios no nos ha dado temor...

—Un espíritu de temor.

—Cierto.

—Así que podemos utilizar la palabra de Dios como arma contra nuestros temores.

Sus ojos brillaron.

—Oye, eso está bueno... Muy bien, buenas noches, mamita.

Y ahí quedó el asunto. Se durmió.

No siempre resulta así de sencillo. Pero esa vez hizo que toda nuestra enseñanza valiera la pena.

Nosotros también, como adultos, tenemos que esconder la Palabra en nuestros corazones, para que podamos recordar constantemente quienes somos: hijos e hijas de Cristo. Jesús dijo: «Seré un padre para ustedes, y ustedes serán mis hijos y mis hijas» (2 Corintios 6.18).

Cuando considero el hecho de que somos hijos de Dios, lo primero que se me ocurre es la relación que debe existir entre hijo y padre, y que entre otras cosas, incluye amor, disciplina, protección, y consuelo.

Otro relato de mi rebelde juventud incluye los cuatro aspectos anteriormente mencionados y también un poco de la disciplina del Señor.

También a los los catorce años (un año interesante para mí), de nuevo quería ir a un sitio que ahora no recuerdo exactamente dónde. Pero cuando le pregunté a mi padre se negó rotundamente. Bueno, me sentí muy desilusionada. No entendía por qué no se me permitía ir. Ciertamente no iba a una actividad peligrosa. Un grupo de amistades y yo queríamos tomar el autobús para ir al centro comercial.

Así que gritándole, con mis ojos bañados en lágrimas, salí de mi casa y corrí por la calle. Los muchachos estaban todos reunidos en la casa de otro del grupo mas o menos a kilómetro y medio de distancia. Fui al encuentro de ellos. Estaba a punto de secarme las lágrimas y saludarlos cuando se apareció mi padre en su automóvil.

Ahora bien, lo último que yo deseaba hacer era humillarme y meterme en el auto. Pero lo hice. Sabía que había sido rebelde y que él era mi padre y que nos amábamos a pesar de cuán difíciles eran las cosas en aquel entonces. Bueno, no me disciplinó. En lugar de eso me llevó a donde estaba el ómnibus y me dejó. Después, cuando hablamos sobre el asunto, dijo que lo había reconsiderado. Que debió haberme permitido ir a donde quería desde el primer momento en que se lo pedí porque estaba bien.

Sin embargo, el Señor me disciplinó a mí, dejándome saber que debí haber obedecido a mi padre sin ninguna otra consideración. Cuando estábamos aproximadamente a unos cinco kilómetros de nuestro destino, el ómnibus se arruinó y tuvimos que seguir el resto del camino a pie. Mi padre al interesarse en lo que yo hacía me mostró su amor. Aunque en aquel entonces no me disciplinó, lo había hecho en el pasado, y sabía que de ser necesario lo haría de nuevo.

Recordemos quiénes somos.

Calle Dyer

Yendo por la calle Dyer
meditaba en cosas de la vida;
alegre de saber cuanto sé;
contenta de vivir en armonía.
No puedo decir que no sé
lo que es caminar sin frustraciones;
y con todo esto encontré
que Dios conoce bien mis situaciones.

Lo sé, todo va a estar bien;
lo sé, todo va a estar bien.

Yendo por la calle Dyer
me deleito en ver que Dios me mira,
dándome la información
suficiente para el que confía;
dándome señal por doquier
queriendo asegurar que escucharía,
pues cada promesa de Él
se cumple y te aseguro: ¡Él es mi guía!

Sí, muy bien
Aunque a veces Él me asombra...

Muy bien, muy bien
Si tengo fe al creer
¡Él siempre responde!

—Brian Ray y Crystal Lewis

La calle Dyer es una vía menor en el sur de California que pasa no muy lejos de mi casa, pero para mí es una vía *mayor*. Tuvo una función especial en la avalancha de cosas que culminaron finalmente en mi matrimonio con Brian.

Necesito introducir este relato con una advertencia: Muchachos, ¡no hagan esto!

¿Por qué? Porque Brian y yo somos parte de un posible dos por ciento que han tomado una decisión matrimonial bajo determinadas circunstancias y no ha terminado en un desastre. El Señor realmente estaba con nosotros, y probablemente nos salieron bien las cosas porque, a pesar de que éramos jóvenes, nos esforzamos en buscarlo durante todo el proceso.

Podrá imaginarse al tomar en cuenta los relatos que ya les he contado sobre el período medular de mi adolescencia, cómo reaccionaron mis padres cuando llegué un día a casa teniendo dieciséis años y les dije que estaba saliendo con Brian, que en ese momento tenía veintidós años de edad. Bueno, a medida que pasaron los años y les resultó claro a mis padres que mi relación con Brian no iba a disolverse con facilidad, ellos más o menos siguieron la corriente. Ya llevábamos saliendo un tiempo cuando Brian comenzó a trabajar en un restaurante en la Calle Dyer.

La próxima preocupación para mis padres surgió al anunciarles que no iba a ir a la universidad. Ningún padre quiere escuchar eso. Pero no quería ir. Creía que allí no había mucho por aprender que ya no estuviera aprendiendo «en mi trabajo». Ya tenía mi primera grabación (a los diecisiete años). Pero mis padres insistieron, así que luego de pasar lo peor de la tormenta, decidí complacerlos e ir de todas maneras. Mi resolución duró un año antes de decidir dejar la escuela y regresar a casa. Durante ese verano Brian me propuso matrimonio. Acepté. Me dio un anillo que no era grande, pero era hermoso. Le conté a mis padres sobre nuestro proyecto.

Tenía dieciocho años. De más está decir que no estaban muy entusiasmados. «¿Qué vas a hacer con la universidad? ¿Y tu edad? Eres muy joven. Ninguno de los dos tiene un trabajo estable que les provea un sueldo seguro. No».

Es probable que suponga que salí disparada y que de todas maneras me casé con Brian. Pero no lo hice. Le devolví el anillo, y ambos consultamos al Señor sobre esto. Lo buscamos en oración, en la consejería con mis padres (mi pastor), otro pastor, y mucha más oración. Seis meses después Brian volvió a pedirme matrimonio y nuevamente acepté. Tenía diecinueve años y esta vez mis padres, a pesar de estar muy preocupados, nos dieron su bendición.

Y sabíamos que Dios también nos había dado su bendición.

Versículos tras la canción

Por tanto os digo: No os afanéis por vuestra vida, qué habéis de comer o qué habéis de beber; ni por vuestro cuerpo, qué habéis de vestir. ¿No es la vida más que el alimento, y el cuerpo más que el vestido?

Mateo 6.25

Como mencioné antes, vivo al sur de California. La hermosa y soleada California sureña, acariciada por la brisa del océano. Siempre he vivido aquí. No quiero vivir en ningún otro sitio. Aunque hay momentos cuando me preocupo por «el grande», usualmente durante uno de esos temblores pequeños los platos rechinan y los candelabros se mecen. Pero el clima equilibra las cosas. No obstante, en diciembre de 1997, no hace muchos meses atrás, el clima nos desilusionó. Hay una canción llamada «En California nunca llueve», que debe haber sido escrita por alguien que vive en Omaha, Nebraska; de todas maneras, el escritor no estaba aquí ese diciembre.

En diciembre de 1997, azotó una tormenta, con una potencia que no se había visto en años, en el área alrededor de mi hogar. Eran aproximadamente las cinco de la mañana cuando mi esposo se despertó por el extraño gruñido de una corriente de agua.

Brian bajó las escaleras para toparse con casi un metro de agua corriendo a través del pasillo y acumulándose en la cocina y la sala. Al buscar una salida para este nuevo lago en formación, chapoteó hasta la puerta trasera, y luego de luchar con ella un poco, finalmente pudo abrirla. Tal como esperaba, el agua salió pero no sin dejar un grueso rastro de barro y cieno sobre todas las cosas que tuvo a su alcance. Los regalos navideños que había envuelto meticulosamente solo unos días antes, nuestra video grabadora, los sofás, la mesa y las sillas, los alimentos en la alacena inferior, hasta la comida en la parte baja del refrigerador.

Todo eso era insignificante en comparación con la pérdida irreparable de fotos y películas familiares que en verdad eran inapreciables. Abrumada, me recosté a una pared y lloré. Las lágrimas salieron de muy adentro, de emociones que jamás había experimentado, principalmente del insondable sentimiento de haber sido violada. Quería desquitarme de mi asaltante, pero no había nadie a quien pudiera arañar o patear; no podía culpar a nadie. Finalmente recuerdo haberme parado con el barro por encima de mis tobillos, aún corriéndome las lágrimas, con las manos plantadas de manera desafiante sobre mis caderas y gritando desde adentro: *¿quién va a asumir responsabilidad por esto?*

«Pero no fue culpa mía», dijo Brian.

«¿Dije eso en voz alta?»

La causa fue que al sur de California *sí* llueve y cuando llueve mucho y los desagües para tormentas se tapan, el agua busca la salida a través de las casas por donde pasa a torrentes. ¿Inundaciones en el sur de California? ¿Quién lo hubiera creído?

En el caso nuestro, la lluvia no tuvo que ir muy lejos. Nuestra casa está construida en una depresión, así que lo único que la lluvia tenía que hacer era acumularse en la base de la entrada de nuestra casa, que *sube* hacia la calle, y construir una muralla de agua de varios metros de alto contra la puerta del garaje, encontrarse que los desagües estaban tapados, y llegar chocando contra la puerta que lleva a la casa. Algo sumamente sencillo para cualquier inundación.

Todo fue una pesadilla de la cual no podíamos despertar.

Sin embargo, hubo buenas noticias. En realidad, muchas noticias buenas. Todo se debía a que no tenemos habitaciones en la planta baja. Mis dos niños durmieron bajo sus cómodas mantas, sin enterarse del inminente peligro hasta escuchar las sirenas y el ruido de los bomberos apurados dentro de la casa. Entonces, Salomón, mi niño de cuatro años, bajó y se quedó mirando con los ojos desorbitados el daño ocasionado por la inundación. Preguntó: «¿qué le pasó a mi casa?»

En ese momento todo quedó en su imaginación. ¡No puedo contarles la excitación que llenó mi corazón porque estaban vivos y podían preguntarse eso! Hasta las cosas que consideraba como de valor incalculable seguían siendo simplemente *cosas*. Dios estaba usando una tragedia para enseñarme el valor de las cosas temporales en comparación con las cosas eternas. El valor de las cosas hechas por los humanos en comparación con el valor de las cosas hechas por Él.

Dios quiere enseñarnos que a la larga, no hay verdadera conservación o protección para nuestras *cosas*. Sin embargo, hay conservación y protección a largo plazo para nuestra alma. Sí, perdimos muchas cosas en la «inundación». Y para responder a la pregunta que quizás se esté haciendo ahora, le diré que no, que la compañía de seguros no va a cubrir las pérdidas (esa es una larga historia).

Dios sabe qué es lo que necesitamos, y su manera de dárnoslo es indudablemente mucho mejor que lo que se le pueda ocurrir a cualquier ser humano.

Sí, tengo un Dios que conoce mi situación.

Lo sé, todo va a estar bien.
Lo sé, todo va a estar bien.

No soy igual

Yo muy mala fui
y no me importó
vivir para mí
y solo por mí.
Fui egoísta, mas
desesperada
y necesitada.

No soy igual;
no, no, no, yeah, yeah, yeah,
Cristo me ha cambiado;
no soy igual.

Hoy lo que soy
es todo por Él;
todo mi hacer
se lo quiero ofrecer.
Su verdad salvadora
yo creo ahora.
Me ha renovado,

llevó mi pecado;
su paz me brindó,

mis dudas quitó;
estoy firme en Él...
por Él yo vivo hoy...
¡Mi vida es Él!

Todo el pasado y cuánto quise ser,
todo ha cambiado, ahora no soy igual... ¡nunca más!
Hoy lo que soy, y aún lo que pueda ser...
¡Se lo debo a Él!

—Brian Ray y Crystal Lewis

Algunas veces las canciones son inspiradas por varios aconte-cimientos que me conducen a la composición de las mismas. Este fue el caso de «No soy igual».

El primer incidente ocurrió cuando estaba en el sexto grado, a los once años de edad. Tiffany, una niña de mi clase, ganaba un poco de dinero adicional fabricando letras de yeso, pintándolas y pegándoles un imperdible en la parte trasera para venderlas en la escuela. Todo en mi vida siempre pareció girar alrededor de algún muchacho y había uno que me gustaba cuyo nombre comenzaba con «B». Así que pensé que sería bueno usar esta «B» en mi chaqueta y compré una de las letras.

Un par de días después me la entregó y no me gustó, no estoy segura por qué, quizás simplemente cambié de parecer. Mientras ella esperaba por su dinero le dije que no me gustaba. Acompañada de algunas de mis amistades la arrinconé, y pisoteando la letra la destruí en el pavimento del patio de la escuela. ¿Verdad que esa es una de las cosas más crueles que jamás haya escuchado? Por supuesto, ella estalló en lágrimas y salió corriendo.

Sabía de inmediato qué cosa más desalmada había hecho, pero no me excusé. En vez de hacer eso pasé muchos años sintiéndome responsable por haberla lastimado. Muchos *años*... Todo el tiempo a través de la secundaria y muchos más. Cinco años para ser exacta. No fue hasta cuando me preparaba para asistir a mi quinta reunión de egresados de la secundaria que me prometí encontrar a Tiffany y excusarme.

Cuando llegué allí y la vi, le pasé por el lado sin decirle nada. Después de más o menos media hora, nuestros senderos volvieron a cruzarse. Una vez más traté de evitar el contacto; pero me sobrevino el sentimiento de culpabilidad y me volteé para acercarme. «Tiffany, ¿recuerdas aquella terrible cosa que te hice en la escuela intermedia?» No hubo respuesta. «Bueno, quiero que sepas que fue algo horrible y quiero excusarme de todo corazón. Y realmente es de todo corazón» dije.

«Ah, no te preocupes. No pienses más en ello» dijo, y se marchó. Tuve la impresión de que no me había perdonado realmente. Continué con mi vida hasta que hace como año y medio recibí una carta de Tiffany. Se disculpaba *conmigo*. Ella y su esposo habían asistido a una actividad que aquí se le llama *Harvest Crusade* [Cruzada de la cosecha], un servicio cristiano contemporáneo a gran escala. Mitad concierto de rock y mitad reavivamiento tradicional en donde se presenta el evangelio de Jesucristo con claridad y se le ofrece la oportunidad a los asistentes para que respondan al llamamiento.

Escribía para decirme que me había escuchado cantar allí y que se había convertido a Cristo. Quería excusarse por no haber aceptado mi disculpa cinco años atrás. Resultó que ninguna de las dos éramos las mismas que en aquel entonces. En aquel momento me creía cristiana, pero no actuaba de esa manera; ella ahora era cristiana y actuaba precisamente como tal.

El segundo incidente que inspiró «No soy igual» ocurrió en mi décima reunión.

Una significativa décima reunión

Las reuniones son acontecimientos interesantes. La mitad de las personas se ven iguales. Las otras son irreconocibles.

Y todas tienen una razón distinta para asistir. Algunas llevan una vida socialmente monótona por el horario de trabajo de nueve de la mañana a cinco de la tarde y quieren sentirse populares de nuevo. Están listas para encender su viejo carisma y ser lo que eran antes. Algunas pasaron inadvertidas la primera vez, y vienen por una segunda oportunidad. Algunas que fueron gigantes académicos y no se envolvieron mucho socialmente, vienen a ver si hay alguna esperanza para dominar la atención pública. Muchas otras, como yo, simplemente vienen a recordar. Para nosotros la conversación usualmente comienza: «¿qué ha sucedido durante los últimos diez años?» y continuámos conversando sobre los buenos y malos tiempos.

Se podía disfrutar de todo, y las cosas eran bastante normales, hasta que después de unas dos horas se me acercó un joven cuyo rostro era un tanto familiar. Lucía bien, limpio, bien vestido, y muy cortés. Me preguntó si me acordaba de él, y me quedé en blanco. Me dijo su nombre: Sammy.

Un tanto atolondrada, recordé de inmediato que estaba en mi clase de matemática (mi peor materia). Se sentaba frente a mí y siempre estaba ensimismado, lo cual lo hacía lucir inteligente. Recuerdo que tenía el pelo largo y descuidado y muchas veces se vestía con un impermeable gris con pantalones de mezclilla y zapatos atléticos. No era un gran recuerdo después de haber compartido durante una hora al día la mayor parte de un año en un espacio de más o menos tres metros cuadrados.

Prosiguió a contarme más: «Crystal, he anticipado la reunión, esperando que estuvieras aquí». Y enseguida añadió: «¡Me convertí! ¡Sabía que eras cristiana y no podía esperar para contártelo!»

Me quedé callada, mi sonrisa se alegró.

«No sé cuánto conocías sobre mi vida en la escuela» dijo, «pero vine de un hogar destruido, muy destruido. Usé drogas mientras estuve en la secundaria. Simplemente no me importaba la vida».

Ahora comencé a ver al Sammy de la secundaria de manera muy diferente. (Deseé haberlo sabido.)

Él continuó: «Pero conocí a Jesús, y estoy cambiado, soy diferente».

Una inundación de recuerdos de Sammy me golpeó y, francamente, frente a mí estaba una persona muy diferente. No me refiero a los incuestionables cambios en la apariencia, sino a la diferencia en su actitud, su comportamiento, sus ademanes, las expresiones de su rostro. Todo cambió.

Entonces me contó sobre su obra en un ministerio relacionado con jóvenes necesitados. Habló con mucho entusiasmo y celo.

Conversamos unos minutos más y entonces seguimos por nuestros respectivos caminos, juntándonos con otros compañeros de clase en el abarrotado salón. Más tarde, cuando me encontraba a solas, miré a todo mi alrededor. Vi a los compañeros de clase mientras bailaban la misma música de los ochenta que tanto disfrutamos diez años atrás. Miré cuando se sentaban y conversaban, y me imaginé seguir exactamente todo lo sucedido en el día de la graduación. Me pregunté cuántos en aquel salón habían experimentado la misma transformación que Sammy. Me pregunté quiénes habían sido expuestos a la luz y cuáles todavía vagaban en la oscuridad, buscando la salida.

Es incuestionable que Sammy había encontrado el camino. En verdad, al escucharlo luego testificándole a un compañero de clase, podía ver que no solo había encontrado su camino, sino que había regresado para tirarle el salvavidas a otros. Su conversación indudablemente había comenzado con esa sencilla pregunta: «¿Qué ha sucedido durante los últimos diez años?»

A la larga esos pensamientos sobre Sammy y Tiffany y cómo nuestras vidas se entrecruzaron durante los años convergieron en «No soy igual».

Versículos tras la canción

De modo que si alguno está en Cristo, nueva criatura es; las cosas viejas pasaron; he aquí todas son hechas nuevas.
2 Corintios 5.17

El cambio ocurrido en mis compañeros de clase, Tiffany y Sammy, se ha repetido una y otra vez a través de los siglos y se registra varias veces en la Biblia. Mi imagen favorita es la conversión de Saulo en el camino a Damasco, ya que presenta una vista gráfica y real de la habilidad de Dios para obrar maravillas. Pablo relata su historia en Hechos. Imagíneselo delante de su iglesia, admitiendo estos pecados:

> *Perseguía yo este Camino hasta la muerte, prendiendo*
> *y entregando en cárceles a hombres y mujeres.*
>
> Hechos 22.4,5

No sé qué hizo Sammy durante sus años de adicción a las drogas, aunque podemos imaginarlo. Pero piense en lo que hizo Pablo según su testimonio. Entonces imagíneselo contándole esto mientras está sentado a su lado en la iglesia. Ahora sabe cómo las personas en las sinagogas y las iglesias cristianas a través del Imperio Romano se sentían cuando Pablo daba su testimonio.

Pero la historia de Pablo no termina ahí. Continúa diciendo:

> *Pero aconteció que yendo yo, al llegar cerca de Damasco,*
> *como a mediodía, de repente me rodeó mucha luz del cielo;*
> *y caí al suelo, y oí una voz que me decía: Saulo, Saulo,*
> *¿por qué me persigues? Yo entonces respondí: ¿Quién eres*
> *Señor? Y me dijo: Yo soy Jesús de Nazaret, a quien tú*
> *persigues. Y los que estaban conmigo vieron a la verdad la*
> *luz, y se espantaron; pero no entendieron la voz del que*
> *hablaba conmigo. Y dije: ¿Qué haré, Señor? Y el Señor*
> *me dijo: Levántate, y vé a Damasco, y allí se te dirá todo*
> *lo que está ordenado que hagas. Y como yo no veía a causa*
> *de la gloria de la luz, llevado de la mano por los que*
> *estaban conmigo, llegué a Damasco. Entonces uno llamado*
> *Ananías, varón piadoso según la ley, que tenía buen*
> *testimonio de todos los judíos que allí moraban, vino a mí,*
> *y acercándose, me dijo: Hermano Saulo, recibe la vista. Y*
> *yo en aquella misma hora recobré la vista y lo miré.*
>
> Hechos 22.6-13

Simplemente imagínese cómo se sentían Ananías y los otros cristianos. Pablo había matado a sus hermanos en Cristo. Pero Jesús lo había perdonado. Por la muerte de Jesús en la cruz, por la sangre que derramó a favor nuestro, porque se levantó de nuevo, ¡podemos ser perdonados! No importa lo que hicieron Pablo y Sammy en el pasado, cuando uno perseguía a los cristianos y el otro estaba bajo el efecto de las drogas. Ellos fueron completamente lavados ante los ojos de Dios. Fueron renovados.

La mayoría de nosotros no hemos desperdiciado la vida en las drogas o el alcohol, ni hemos matado a nadie, pero todos hemos herido a amistades y seres queridos con palabras o acciones agrias. A todos nos hace falta nacer de nuevo, ser salvos, ser lavados en la sangre de Cristo. No importa cómo lo exprese, significa lo mismo: tenemos que encontrarnos con Jesús personalmente, arrepentirnos, y permitir que nos cambie, como a Pablo y a Sammy. Debemos rendir nuestras vidas completa y deliberadamente, sin reservas, a su voluntad. Él nos creó; pudo haber hecho su morada en nosotros sin previo aviso, pero Él deja que seamos nosotros los que hagamos la decisión. Y una vez que lo aceptamos como Salvador somos nuevas criaturas.

Nuevas criaturas

Pablo le dice a los cristianos de Corinto: «De modo que si alguno está en Cristo, nueva criatura es; las cosas viejas pasaron; he aquí todas son hechas nuevas» (2 Corintios 5.17).

¿Qué significa ser una nueva criatura?

¿Recuerda en el capítulo uno cuando mi padre no quería que me fuera en el autobús con todos aquellos muchachos? Ese fue el momento que enloqueció a mi madre. Que Dios la bendiga. Me hacía falta, de manera absoluta (la misma necesidad que tenía de aire y de enormes bolsas de papitas marca «Doritos»), sentirme parte de ese grupo, así que me vestí con ropa vieja. Los colores se veían viejos y gastados, la ropa no me quedaba bien, y créame, su linda niñita no se veía nada hermosa con esta ropa. ¿Puede imaginarse lo que debió haber soportado todas las mañanas una esposa de pastor, que trataba de establecer un ejemplo como ama de casa consagrada, cuando su hija adolescente salía de la casa de camino a quién sabe dónde con esa apariencia?

Menos de seis meses después me miré al espejo y estuve de acuerdo con ella. ¿En qué estaba pensando? ¿Cómo era posible que deseara estar alrededor de esas personas? ¿Cómo me atrevía a desafiar a mis padres? Inmediatamente me ajusté a algo más acorde con lo que mis padres deseaban para mí.

Ponga esa historia a un nivel espiritual, convierta los vestidos viejos en nuestros pecados y nuestro deseo de hacer cosas que ofenden a nuestro Padre celestial, y eso es lo que significa ser una nueva criatura. Es percibirse espiritualmente en un espejo y mediante la obra del Espíritu Santo echar a un lado lo viejo poniéndonos lo nuevo. Algo que nos queda mejor, que representa mucho mejor lo que nuestro Padre celestial desea para nosotros.

Aunque la afinidad de mis amistades con los vestidos cómicos no es completamente precisa, no me desprendí de esas personas. De vez en cuando hablaba con ellos. Pero espiritualmente, morimos a nuestras viejas personas: las cosas viejas *pasan*. La muerte está implícita en la conversión de un cristiano. La muerte al viejo yo (un cambio idéntico en la vida de Sammy, en mi vida y en la suya).

Luego de eliminar el viejo yo, ¡somos nuevos! Ahora podemos comenzar el proceso de aprendizaje. Esto no quiere decir que una vez que aceptamos a Cristo en nuestros corazones Dios castañetea sus dedos y somos poderosa y milagrosamente transformados. El cambio no sucede al agitar una vara. Es ciento por ciento un proceso de crecimiento.

Justo después que Ananías sanó la ceguera de Pablo, le dio este mensaje del Señor:

> Y él dijo: El Dios de nuestros padres te ha escogido para que conozcas su voluntad, y veas al Justo, y oigas la voz de su boca. Porque serás testigo suyo a todos los hombres, de lo

que has visto y oído. Ahora, pues, ¿por qué te detienes?
Levántate y bautízate, y lava tus pecados, invocando su
nombre.

Hechos 22.14-16

El Señor transformó los corazones de Pablo y Sammy, incluso sus cuerpos y mentes, en vasijas completamente nuevas mediante las cuales sus bendiciones pudieran derramarse en otros. Pablo aceptó la tarea de Jesús de convertir el mundo romano y Sammy aceptó su llamado a servir en el centro de la ciudad del sur de California a jóvenes necesitados, para que ellos también pudieran ser cambiados.

Puedo imaginarme a Pablo y a Sammy cantando:

Hoy lo que soy
es todo por Él
todo mi hacer
se lo quiero ofrecer.
Su verdad salvadora
yo creo ahora.
Me ha renovado.

Mañana

El placer puede matar
como el malo y el ladrón,
susurrando en mis pensamientos
fuera de control.
Parece inofensiva su influencia al momento;
su veneno es más amargo
mientras más me envuelvo...

El placer es peligroso
en lo más elemental.
Me convence en cosas que jamás
aceptaría realizar,
dándome la habilidad
de ceder en lo más fácil...
No es raro en mi espíritu
mi carne odiar...

El mañana es más fácil enfrentarlo que el hoy,
mas cuando llega no deseo aún cambiar...
¿Por qué prefiero reemplazar tus maravillas
por una vida de inseguridad?
Si el mañana tal vez nunca llegará...

¿Cómo combatir con una mente complacida?
Debo siempre recordar
las muchas horas ya perdidas.
Mi corazón debo entrenar en ver al cielo como hogar
y del poder que ha sido dado, alcanzar...

Oh, yo sé lo que pides de mí
y quiero hacerlo, yo quiero, sí, hacerlo.
¿Qué es lo que impide en mí cambiar?

—Crystal Lewis

Siempre he sido una persona delgada, jamás he pesado más de 50 kilos. Durante mis embarazos aumento alrededor de 25 kilos. Eso es mucho. Unos nueve meses después de nacida Isabella, mi cuerpo aún conservaba más evidencia del nacimiento de un bebé de lo que en realidad me gustaba. Así que decidí tomar en serio el asunto de ponerme en forma.

Compré libros sobre nutrición, libros para entrenarme con pesas, libros para ejercitarme. Quería saber cuál era la manera correcta de hacer esto. Comencé a caminar. Pero para mí el asunto era ver cuándo podía hacerlo. En aquel entonces, uno de mis niños tenía tres años y el otro nueve meses así que ejercitarme requería más esfuerzo.

Comencé este régimen en enero, en pleno invierno. Es cierto que vivimos en California así que no puedo quejarme, pero de todas formas es un poco frío para que los niños anden ronroneando frente a mí en un enorme carrito doble temprano en la mañana, mientras la brisa soplaba sobre sus pequeños rostros helando sus mejillas y congelando sus dedos.

Así que me comprometí en poner el reloj despertador a las seis de la mañana y levantarme a esa hora para adelantármele a los niños, que de por sí se levantan temprano. Me dije: *Oye, esa mujer de Proverbios 31 se puede levantar antes de que amanezca, así que no puede ser tan difícil.*

Me equivoqué. Fue un reto, por no decir otra cosa. Pero mi anhelo de alcanzar el peso que deseaba crecía día tras día, así que cada mañana se hacía más y más fácil.

Cuando llevaba unas seis semanas en mi nueva rutina, el Espíritu Santo me convenció de mi desbalance. Me concentraba en mi apariencia física, pero descuidaba mi vida espiritual.

Un despertar santo

Durante las seis semanas que transcurrieron estuve más dispuesta a enfrentarme a la tortura de levantarme casi antes que las vacas en Corona (un área local dedicada a la agricultura) para mejorarme físicamente que estar dispuesta a levantarme temprano para mejorarme espiritualmente. ¿Cómo podía hacer eso? ¿Por qué estaba tan motivada a trabajar con mi peso y dejar que mi espíritu estuviera tan haragán y regordete? ¿Cómo podía esforzarme en mantener la resistencia física cuando a fin de cuentas sería la resistencia espiritual la que me sostendría?

Asisto a un estudio bíblico de mujeres en la iglesia los viernes por la mañana. Hay un grupo que siempre asiste, pero también hay mujeres que solo asisten eventualmente. Es una iglesia grande, así que un viernes me senté al lado de alguien que no conocía. Pero, la conociera o no, me propuse que escuchara mi frustración. Apenas me senté comenté apresuradamente cuan miserable me sentía en cuanto a mi vagancia espiritual. «Mira, heme aquí levantándome a las seis, dispuesta a trabajar como un perro para perder unos siete kilos, y no estoy dispuesta a levantarme para estar con mi Señor meditando en su Palabra y en oración. ¿Qué clase de cristiana soy?»

«Eso no es ningún problema» dijo, «simplemente levántese a las cinco y media».

Asentí heladamente y me forcé a sonreír. Obviamente no conocía mis singulares circunstancias: dos niños pequeños (un trabajo a tiempo completo), un esposo que atender (otro trabajo a tiempo completo), una profesión que requiere viajar (el tercer trabajo a tiempo completo), y un ministerio que mantener (y ahí está el cuarto trabajo).

Herví de incomodidad durante casi toda esa hora. Cuando llegaron las peticiones de oración, ella tocó mi mano y oró por mí (aunque no usó mi nombre). Al final de esa oración, sabía que estaba en lo correcto. Era imposible que le diera el *cuatrocientos* por ciento de mi vida a esos trabajos a tiempo completo sin la renovación, la frescura, el consuelo, el aprendizaje, y el fortalecimiento que ofrece estar en la presencia del Señor. Me hacía falta ese tiempo con Él. Mis excusas y comodidades me habían limitado las incomparables riquezas que se encuentran durante el tiempo que se invierte con el Rey, ¡y prometí que no volverían a hacerlo!

Ahora bien, ¿cuánto tiempo duran sus resoluciones?

Apuesto a que duran más tiempo que las mías.

Fui a casa, agarré el reloj despertador, estaba a punto de ponerlo a las cinco y media de la mañana cuando me dije. *Vamos a celebrar mi nueva resolución de levantarme temprano quedándome en la cama hasta las seis una vez más. Entonces estaré descansada y lista para comenzar mañana.*

Eso me gustó. Me estaba dando tiempo para acostumbrarme a la idea, y estaba segura de que Dios, quien me amaba, y me amaba muchísimo, también diría que era una buena idea.

Bueno, Dios tiene sus relojes despertadores...

A la mañana siguiente, mi hija, Isabella, que tiene diez meses y medio, se despertó llorando a las cinco de la mañana. Ahora bien, desde que tenía diez semanas duerme durante toda la noche, y generalmente no se despierta hasta las siete de la mañana. Preocupada, salté de la cama, pasé por el pasillo, y cuando llegué a la puerta, dejó de llorar. Al acercarme a la cama, la encontré absolutamente dormida. Regresé a la cama.

Ni siquiera pasaron tres minutos y comenzó a llorar de nuevo. Una vez más, salí de la cama hacia el pasillo. Silencio. Verdaderamente podía escucharla roncando.

Entonces fue que me di cuenta del asunto. Dios me estaba diciendo algo. Sacudí mi cabeza (*no, no, no, no podía ser eso*), y volví a la cama solo para escuchar la alarma de mi reloj. Eran las cinco y cuarto de la mañana.

Creí *que estaba roto.* Apagué la alarma. Sonó de nuevo. *No estoy bromeando.* Comencé a reírme, después lloré, y entonces volví a reírme. Dios tenía mi número, ese número era un poco antes de las cinco y media de la mañana

Versículos tras la canción

Porque no nos ha dado Dios espíritu de cobardía, sino de poder, de amor y de dominio propio.

2 Timoteo 1.7

Todos los domingos, durante el servicio que oficiaba mi padre, me sentaba en la fila delantera (cuando crecí me sentaba en la fila trasera) y veía al coro entrar al santuario con sus rostros radiantes, listos para llenar el edificio con alabanzas en la presencia del Señor.

Cuando el «Llamado a la adoración» coral culminaba en un silencio triunfante, mi padre siempre se paraba y recitaba imponentemente 2 Timoteo 1.7: «Porque no nos ha dado Dios *espíritu de cobardía,* sino de *poder,* de *amor* y de *dominio propio*» (cursivas añadidas). Para mí este es el versículo de su vida. No solo era un llamado a su congregación a vivir de manera poderosa y valiente para Cristo, sino que era un llamado para sí mismo.

En realidad, la prueba de que este versículo obraba en su vida era el hecho de que estuviera allí todos los domingos. Mi padre es un hombre pensador y tranquilo, una persona amorosa, gentil, y con infinita paciencia (me permitió sobrevivir la adolescencia). Aunque es un pastor maravilloso, no es alguien que ande buscando fama. Pero ese versículo, ese llamado a la acción, lo ha preservado y sustentado allí.

Para mí, este mismo versículo se ha convertido en una fuente de fortaleza, y ha moldeado mi ministerio de manera significativa. Como mencioné anteriormente, mi madre estaba a cargo de la música en la iglesia y muchas veces usaba mi voz durante el servicio. Mi padre sugería que antes de cantar dijera unas palabras sobre lo que este significaba para mí. ¿Cómo podía aplicar su mensaje a mi vida?

Contesté: «Bromeas, ¿verdad? Yo jamás voy a ser una de esas cantantes que le predica a una audiencia. Yo canto. Eso es todo».

Ahora bien, actualmente a mí me resulta difícil quedarme callada. El Señor me dio un testimonio y un talento, y me propongo usar ambos para la gloria suya. Ese versículo testifica sobre el poder de su Espíritu, que es responsable por lo que hago en el estrado y fuera de él.

Como es un versículo tan poderoso, tan vivo, y activo como espada de doble filo, vamos a desmembrarlo y examinar cada elemento de manera más minuciosa.

Un espíritu de temor

«Porque no nos ha dado Dios espíritu de cobardía». La nueva versión Reina Valera usa la palabra *temor* en este versículo. La versión Latinoamérica usa la palabra *timidez*. Ambas palabras indican ansiedad en cuanto a completar una tarea. La definición griega de la palabra *espíritu* en el contexto de este versículo es «disposición mental para con»; así que podría decirse que: «Dios no nos creó con una disposición mental hacia el *temor* o la *timidez*».

Muchas veces usamos el temor como excusa para nuestra conveniencia o para no hacer algo que sabemos que Dios nos pide que hagamos. ¡Hasta disfrazamos al temor como otra cosa porque tememos que alguien vaya a enterarse de que tenemos miedo!

El Salmo 27.1 dice: «Jehová es mi luz y mi salvación; ¿de quién temeré? Jehová es la fortaleza de mi vida; ¿de quién he de atemorizarme?» Y el amado Salmo 23 sostiene: «Aunque ande en valle de sombra de muerte, no temeré mal alguno, porque tú estarás conmigo; tu vara y tu cayado me infundirán aliento» (v. 4). Estos versículos aclaran bastante bien que Dios no desea que temamos.

En realidad, ¡nos creó con la capacidad de no temer! ¡Desea tanto nuestra valentía que nos da un espíritu de poder para sobreponernos a nuestros temores y a nuestras comodidades! Ese poder proviene de Dios mismo.

Un espíritu de poder

¿A qué clase de poder nos referimos? ¡Un poder majestuoso! Jesús le dijo a sus seguidores, al enviar a setenta y dos de ellos a realizar su labor: «He aquí os doy potestad de hollar serpientes y escorpiones, y sobre toda fuerza del enemigo, y nada os dañará» (Lucas 10.19).

La palabra *poder* en 2 Timoteo 1.7 y en este versículo de Lucas es la misma. Significa «fuerza, habilidad, abundancia, empuje y fortaleza».

Dios nos ha dado la habilidad, y la fortaleza, para realizar su voluntad en nuestras vidas. No importa lo que nos pida, en su nombre, mediante su poder, podremos hacerlo. Eso es una realidad.

Dios no nos ha dado un espíritu de temor, sino de poder y amor para sobreponernos a nuestras debilidades.

Un espíritu de amor

La Biblia está llena de versículos que hablan sobre el amor. Hablan sobre amarse entre sí, amar a Dios, amar a nuestros enemigos. Amor, en realidad, es el fundamento de nuestra salvación (Véanse Mateo 5.44; 22.37; Juan 13.34,35; Efesios 5.2).

Juan 3.16 dice que Dios nos amó tanto que entregó a su único hijo, ¡para que se salvara todo aquel que creyera en Él! Dios vio nuestra necesidad de un salvador y nos amó lo suficiente como para enviar a su hijo a morir en nuestro lugar dándonos la oportunidad de vivir para Él y con Él para siempre.

Somos llamados a vivir como Jesús, a amar de manera tan ferviente que podamos sobreponernos a nuestro miedo y a nuestra debilidad.

Dios no nos dio un espíritu de temor, sino de poder y de amor y dominio propio, para sobreponernos a nuestras debilidades.

Y de dominio propio

Algunas veces hasta las circunstancias más sencillas nos meten en líos, así que nos retardamos; pero en el griego, *dominio propio* se define por las palabras *disciplina* y *control propio*, así que también estoy creada con la capacidad de controlarme a mí misma.

Cuando enfrentamos una decisión difícil, ya sea por la conveniencia, la tentación, los problemas en nuestro matrimonio, el trabajo, o la escuela, nos hace falta recordar que Dios nos permite el privilegio de presentarnos ante Él con nuestras quejas, preocupaciones y posibilidades. Así como María, la hermana de Marta, encontró consuelo y solaz a los pies de Jesús, nosotros también, encontramos allí alivio y restauración al darnos valor y el poder de pensar y actuar.

Mi conveniencia me aparta con demasiada frecuencia de aquello a lo cual tengo derecho como hija de Dios: paz, gozo, consuelo, seguridad, la vida abundante. Siempre parece más fácil dejar las cosas para mañana. Y mientras posponemos esas tareas dadas por Dios, crece la brecha entre nosotros y nuestro Amo, un cisma profundo causado por la turbulenta acción de la culpa y el temor. Mientras más posponemos las cosas, mayor será la erosión, y más tendremos que esperar para ver al Señor en acción con nosotros. Dios desea subsanar la brecha, borrándola por completo.

La mañana en que se produjo la *coincidencia* de que mi hija de diez meses y medio y el reloj me despertaran cuando eran aproximadamente las cinco de la madrugada, me levanté. Bajé las escaleras. Agarré mi Biblia y comencé a leer, a orar y a llorar. Me reí y lloré por todo lo que Dios tenía que hacer para llamarme la atención. Casi me sentí pródiga. Había regresado a un padre amoroso, y perdonador. Me abrazó abiertamente en el conocimiento y atesoramiento de su palabra.

¿Puede adivinar cuál versículo leí primero? Me golpeó como una tonelada de ladrillos. 2 Timoteo 1.7: «Porque no nos ha dado Dios espíritu de cobardía, sino de poder, de amor y de dominio propio». Fue como si lo escuchara por primera vez. Me percaté de manera tan vívida que mis excusas simplemente eran la negación de mi habilidad dada por Dios a actuar de manera valiente, con poder, amor y en disciplina propia. No había absolutamente razón alguna para no seguir con el crecimiento físico y espiritual, siempre y cuando estuviera consciente de que lo más importante era la nutrición espiritual.

Por favor, sepa que mi vida no consiste en levantarme a las cinco de la mañana todos los días. Definitivamente hay días en los cuales las circunstancias simplemente no me permiten la oportunidad de hacerlo. Sin embargo, Dios desea nuestra disposición. Quiere que le demos prioridad. Algunas veces eso podría implicar que hay que dejar el juego adicional de golf o el programa de televisión o la hora de compras al medio día, para encontrar tiempo para estar a solas con Él.

Esta experiencia cambió mi vida. Odiaba correr. Ahora corro un par de kilómetros varios días a la semana. Me encanta comer chucherías. Ahora sé que no puedo comer muchas de ellas, dependiendo de cuánto deseo realmente mantener todo el trabajo que invertí en mi salud. Me percaté de que uno puede realizar sus tareas, como comer de una manera más saludable, perder peso, ejercitarse adecuadamente, pero no sin una disciplina seria.

También he aprendido que el tiempo más valioso a nuestra disposición es el que pasamos a solas con Dios. De gran importancia es que haya aprendido que hasta los cristianos pueden caer en una vida de excusas y comodidades. La Palabra de Dios nos llama a la acción. No se contente con sentarse fuera del campo de juego a mirar. Eso es equivalente a desobediencia. No espere hasta mañana. Levántese y métase hoy en el juego.

SEIS

Regresa a mí

Yo recuerdo bien
tu amor de ayer;
tu anhelo era estar conmigo.
Hoy creyendo estás
en la falsedad
de pensar que has ido hasta muy lejos...
No desfallezcas, hijo mío,
te espero con mi perdón.

Regresa a mí, regresa a mí,
espero por el día en que
regreses a mí, regresa a mí,
te amo aún...

Tú me retas
más te ocultas, sí;
dejaste nuestro pacto por otra elección...
Mientras corres,
¡Yo sigo amándote!
No reconoces bien aún mi voz...

Yo seguiré llamando, llamando,
hasta que me oigas decir:

Regresa a mí,
Mi voz fue tan familiar para ti,
no la dejes desvanecer...

—Brian Ray y Crystal Lewis

Mi mejor amiga durante *toda* la secundaria se llamaba Tierza. Nos conocimos el primer día de clases. Nos llevabamos muy bien. Poco después se incorporó a nuestro grupo de jóvenes en la iglesia. Luego de asistir a varias reuniones, me emocioné al verla responder a un llamamiento aceptando a Jesús como su Salvador.

Durante los siguientes cuatro años fuimos inseparables. Por supuesto, hablábamos más sobre muchachos y fiestas que de asuntos espirituales, pero no dudaba que ambas fuéramos cristianas. ¿A quién le hubiera gustado estar tanto en la iglesia de no ser así? Cuando nos graduamos, Tierza se fue a la universidad y respondió a un trabajo ideal en la Florida laborando para un centro de vacaciones mientras yo me ocupé de mi carrera y finalmente de mi familia. Solo hablábamos un par de veces al año. Verdaderamente no bastaba para mantener una amistad, pero era suficiente como para saber la una de la otra.

No hace mucho la llamé para ver cómo estaba.

«Ah, muy bien» dijo, «pero al lado se mudo un fanático de Jesús, y me está enloqueciendo. A juzgar por la manera de expresarse, uno podría pensar que lo crucificaron al lado de Él». Suspiró y seguidamente añadió: «¡Ojalá lo hubieran crucificado! No me deja quieta.

»Aquí no hay nada más que viejas y fanáticos de la Biblia. Con la humedad que hay aquí, hace tiempo que debieron haberse podrido, pero no es así. Siguen hablando y manejando mal».

Nuestra conversación terminó poco después, y cuando colgué el teléfono mi corazón se hundió. *¿Fanáticos de Jesús? ¿Fanáticos de la Biblia?* ¿Cuánto había apostatado? Cristo era el centro de nuestras vidas. Ahora, para Tierza, Cristo era una mera interrupción; en el mejor momento de su vida solo un personaje ridículo. Creció el dolor en mi corazón. Me hería oírla hablar así, me preguntaba cómo se sentiría Jesús.

En mi mente ardía su imagen parado en una colina la última vez que entró a Jerusalén, llorando por las almas perdidas, los que no pudo alcanzar durante su ministerio. Casi podía escuchar la angustia en su voz al gritar, «¡Jerusalén ... ¡Cuántas veces quise juntar a tus hijos, como la gallina a sus polluelos debajo de sus alas, y no quisiste» (Lucas 13.34).

Luego de colgar el teléfono, me senté un buen rato en la mesa del comedor, preocupada y orando por ella. Y preguntándome qué había pasado para que Tierza cambiara tanto. Quizás no estábamos convertidas durante esos años de secundaria. A lo mejor nos engañábamos.

Rebusqué en mis recuerdos, buscando prueba de una u otra cosa. Recordé las cosas poco cristianas que hicimos en la adolescencia. Como copiarnos las tareas, o encubrirnos al mentirles a nuestros padres.

Me impresionó recordar una ocasión donde nuestro cristianismo no nos dejó hacer trampas en la prueba final de biología. Hasta llegamos a esconder notas en la ropa. Entonces nos detuvimos, nos miramos, y decidimos que lo que estábamos haciendo no era correcto. Terminamos aprobando la materia. No con las calificaciones que queríamos pero debía ser así. Seguro que estaba convertida. En cada uno de los cuatro campamentos de verano a los que asistí durante mis años de secundaria, pasé al frente durante cada llamamiento, simplemente para asegurarme de ello, y Tierza iba conmigo. Seguro que era una cristiana.

Aun así era posible que no estuviera convertida. Quizás, por una u otra razón, solo fue mi sombra espiritual durante esos años. Después de todo, no vemos los motivos del corazón, así que no hay manera de estar seguros. Y ahora que había apostatado es probable que jamás regresara a Cristo.

Sé que es imposible perder nuestra salvación. Romanos 8 lo aclara perfectamente. Pero es posible que, tanto niños como adultos, formen parte de una comunidad cristiana y no sean salvos. Juan le explica esto a la iglesia primitiva: «Salieron de nosotros, pero no eran de nosotros; porque si hubiesen sido de nosotros, habrían permanecido con nosotros; pero salieron para que se manifestase que no todos son de nosotros» (1 Juan 2.19).

Los niños podrían allegarse al grupo juvenil simplemente porque desean pertenecer a algo. Algunos padres vienen a la iglesia solo por sus niños. Quieren que sus niños estén a salvo de las tentaciones peligrosas, y en realidad quieren elegir sus amistades por ellos. Los grupos de jóvenes le ofrecen a los padres y a los niños una *zona libre de tentaciones*. Pero los padres también esperan que según pase el tiempo sus hijos desarrollen un aislamiento espiritual de la corrupción del mundo. Los padres saben que ese aislamiento puede serles útil, y con un poco de suerte, los niños lo obtendrán mediante algún tipo de ósmosis. Las buenas nuevas de estas metas son que a veces tanto los hijos como los padres responden al mensaje del evangelio y se salvan. Algunas veces, no.

Los adultos también tienen sus razones para unirse a una congregación. Un cónyuge podría ir porque el otro asiste, o viceversa. Quizás desean ser vistos en la iglesia por intereses profesionales o políticos. También porque sus amistades asisten y ellos, cual adolescentes, desean ser parte de algo. O han asistido todas sus vidas y, ¿por qué dejar de hacerlo ahora?

Algunas veces las razones de sentarse en un banco de la iglesia una hora los domingos son emocionales, se sienten menos culpables después el resto de la semana. Puede ser que sus vidas son desesperadamente caóticas, excepto por las pocas horas en la iglesia el domingo por la mañana. O simplemente se sienten culpables o asustados al no asistir.

No hay razones malas para ir a la iglesia. Dios se las arregla para que su pueblo asista. Y, de ser pueblo suyo, a medida que pase el tiempo oirán el evangelio y responderán al llamado de la salvación. Pero hay otras personas que responden al resto de todos los cargos de la iglesia, de los comités, de los ministerios, y hasta de los esfuerzos evangelísticos, sin responder al propio evangelio.

Temía que Tierza fuera una de esas. Me asusté mucho más al pensar que pudiera ser una de las mencionadas en Hebreos 6.4-6:

> *Porque es imposible que los que una vez fueron iluminados y gustaron del don celestial, y fueron hechos partícipes del Espíritu Santo, y asimismo gustaron de la buena palabra de Dios y los poderes del siglo venidero, y recayeron, sean otra vez renovados para arrepentimiento, crucificando de nuevo para sí mismos al Hijo de Dios y exponiéndole a vituperio.*

Aun al preocuparme por Tierza encontré esperanza. Recuerdo un amigo (lo llamaré Barry) que ahora tiene más de cincuenta años de edad. Cuando Barry tenía ocho años, su abuela, que era cristiana, costeó los gastos para que fuera a un campamento cristiano. Sus padres le permitieron ir a pesar de no ser cristianos. Barry recuerda la presencia de sus primos y su discusión con ellos en cuanto a su salvación. A ellos no les interesaba en lo absoluto. En verdad, uno de ellos inclusive lo abofeteó al mencionarle a Jesús obrando en su corazón.

La pelea con sus primos fue tan fuerte, que Barry llamó a sus padres y les pidió que lo recogieran esa misma noche. Como no deseaban que su espíritu mundano sufriera más indignidades cristianas, sus padres salieron disparados. Para facilitar su transición de vuelta a «la tierra de las sectas», sus padres inclusive lo agasajaron con una de sus cosas favoritas, una película en un cine al aire libre. El recuerdo de toda esa experiencia de salvación en el campamento es tan vívido, que aún hoy en día Barry recuerda la película: *The Pony Express* con Charlton Heston.

Pero como Barry solo tenía ocho años de edad y sus padres no eran cristianos (a pesar de que ahora su madre lo es), lo criaron sin tomar muy en cuenta a Jesús. Realmente, al recordar su vida, no se ve mucha vida cristiana. Asistió a la iglesia, pero era una denominación muerta que predicaba el evangelio social. De preguntársele diría que creía que había un Dios, pero le resultaría difícil definirlo. El único vínculo emocional de Barry con el Señor vino durante su película favorita, *Ben-Hur* (que veía a menudo). Siempre lloraba durante la escena donde Jesús era clavado y levantado en la cruz, para luego dejarlo caer en el hueco.

Luego de un divorcio, Barry prácticamente abandonó a sus dos niños en el norte de California al mudarse al sur. Pero una vez que llegó aquí, no pasó mucho tiempo antes de que conociera a una mujer cristiana y se enamorara de ella. Insistió en que asistiera a la iglesia y él aceptó. Después de todo, había asistido a las iglesias toda su vida. La diferencia estaba en que esta iglesia predicaba el verdadero evangelio. Al transcurrir unas cuantas semanas, Barry regresó al Señor y volvió a comprometer su vida con Jesús. Ahora tiene un ministerio abundante. Él y su esposa están *maravillosamente* casados, como dice él. Tiene una buena relación con los dos niños de su primer matrimonio, y ya tiene cinco nietos.

Así como ocurrió con Barry, también tengo la esperanza de que Tierza regrese al Señor.

Al hablar sobre el infierno, D.L. Moody, el gran evangelista de finales de siglo, lloraba con frecuencia. Lloraba por los perdidos, por las almas de aquellos que no respondían a su mensaje. Lloraba por los que abandonaban su servicio y jamás volvían a pensar en el Señor. Yo no. A menudo me siento feliz de ser salva y de que el Señor realizó un milagro en mi corazón. Muchas veces ni siquiera pienso en los perdidos.

Que vergüenza.

Pero ahora, al pensar en Tierza y en otros tantos que en su niñez profesaban la muerte y resurrección de Cristo tan fervientemente y ahora están alejados de Él, yo también quiero llorar. Me imagino a Jesús llorando. Por eso es que, al hablar de Tierza en esta ocasión, me senté y escribí «Regresa a mí».

Versículos tras la canción

El sembrador salió a sembrar su semilla; y mientras sembraba, una parte cayó junto al camino, y fue hollada,

> *y las aves del cielo la comieron. Otra parte cayó sobre la*
> *piedra; y nacida, se secó, porque no tenía humedad. Otra*
> *parte cayó entre espinos, y los espinos que nacieron*
> *juntamente con ella, la ahogaron. Y otra parte cayó en*
> *buena tierra, y nació y llevó fruto a ciento por uno.*
>
> Lucas 8.5-8

Cuando estudiamos la parábola del sembrador, nos damos cuenta rápidamente de que las semillas sembradas eran la Palabra de Dios. Se esparcieron sobre cuatro tipos de personas. Un tipo, simbolizado por el sendero, jamás recibió la semilla. Estaban endurecidos, se burlaron de ella, la resistieron, o la ignoraron por completo. Algunos podrían excusar ese tipo de conducta al describir la oferta de salvación como una muleta o algo que no les interesa por no ser científico, o como una simple tontería. También quejándose de que meramente se trata de esclavizarlos para convertirlos en unos tontos buenazos. Algunas veces son bastante corteses. «No, gracias, esas cosas realmente no nos interesan». Pero en última instancia, el suelo no está preparado, y la semilla simplemente yace en la superficie como alpiste para los pájaros.

Los otros dos tipos de personas parecen escuchar la Palabra al principio. En un caso la semilla cayó sobre una roca, en donde la planta sale de la raíz y florece rápidamente, pero en el calor del día, se marchita. La planta por supuesto se refiere a nuestra creencia que se marchita, y cuando eso sucede la persona abandona la congregación. Estas personas vienen y se van con tanta rapidez que solo los recordamos por las tarjetas de asistencia que llenaron. Por años aparecen en nuestra lista de los que «debemos llamar e invitar de nuevo». Pero jamás devuelven las llamadas. Son en nuestras oraciones como fantasmas del pasado pero nada más que eso.

La semilla produjo fruto duradero. Cayó en suelo que no había sido divinamente preparado pero que tenía suficientes nutrientes como para mantener viva a la planta por un tiempo. En este terreno creció y floreció un tipo de creencia, pero los cuidados de este mundo actuaron como espinas y ahogaron esa creencia.

Este tercer tipo de personas me recuerda a Don, otro amigo íntimo que fue miembro de nuestro grupo de jóvenes desde el sexto al noveno grado. Le encantaba la música. Conocía todas las palabras y todos los movimientos y gestos, y cantaba todo con todos. Mientras estuvo en la secundaria tocaba el piano y cantaba. Aunque no tenía la destreza para escribir música, podía reinterpretar un canto conocido y crear algo verdaderamente singular. Teníamos mucho en común, incluyendo nuestro cristianismo. Don realmente mostraba tanta evidencia de su salvación como yo de la mía. Incluso respondió a un llamamiento durante uno de nuestro servicios dominicales matutinos.

Hace un par de años, Don anunció que era homosexual y que tenía serios problemas con la posición cristiana sobre el asunto.

Quería mucho a Don (aún lo quiero), tanto como quiero a cualquier amigo. Ahora temo por él de forma profunda y genuina. Dios no deja de enfatizar en que el homosexualismo está mal. Creó hombres y mujeres, y creó al hombre para que estuviera con la mujer y a la mujer para estar con el hombre. El libro de Levítico hace del homosexualismo una pena capital, y el apóstol Pablo en su carta a los Romanos dice que la actividad homosexual ofende mucho a Dios.

Pero el Señor también quiere que amemos al homosexual como amamos a los demás. Si alguien en este planeta necesita del amor del Señor, es el homosexual por su profunda e inherente confusión y conflicto.

Creo que uno de los grandes errores de la iglesia es su reacción ante aquellos que sufren de SIDA. Con demasiada frecuencia, y me incluyo, simplemente nos sentimos aliviados porque no nos está pasando a nosotros, cuando debemos mostrarle a esas personas el amor de Cristo a través de nuestra manera de involucrarnos en su sufrimiento.

Así que temo por Don. Temo que su encuentro con el cristianismo haya sido solo eso, un encuentro. Temo que su manera de vivir le costará su vida. Oro por él a menudo.

El último tipo de personas en esta parábola realmente se salvó. La semilla cayó en el suelo preparado por Dios, profundizó hasta donde era nutrida por el Espíritu y creció hasta producir mucho fruto. Uno de esos frutos es la habilidad de amar abnegadamente. Generalmente no amamos de esa manera, pero lo intentamos. Y ese es el amor que tenemos por nuestros amigos. Amo a Tierza y a Don, y quiero lo mejor para ellos. Y lo mejor es una vida llena de cosas buenas y santas. ¿Por qué? Porque esa forma de vida es evidencia de la bendición de Dios en nosotros la que a su vez juntará más bendiciones divinas a medida que se desenvuelve y que solo terminará cuando estemos para siempre en la presencia del Señor.

Por supuesto, nosotros, esperamos que cada una de nuestras amistades forme parte de esta última categoría. Esperamos que sean verdaderos creyentes y que vayan con nosotros al cielo. Pero sospechar que una amistad no vaya al cielo también produce los descorazonamientos más puros. En lugar de estar seguros en los brazos de Jesús, van por un camino que lleva literalmente a la destrucción, y eso no solo incomoda, sino que espanta.

Otra parábola que aclara ese relato es la parábola del hijo pródigo.

El pródigo

Imagínese que usted fuera una de las personas que vio al hijo pródigo cuando atendía los cerdos. ¿Qué hubiera pensado de él? Sospecho que no mucho. Simplemente que era un empleado, probablemente no muy bueno, y dado su pasado de querer algo por nada. Es probable que tampoco pudiera reconocer a su padre en él. Ya no habían señales de riqueza, ni de las caras vestimentas, ni joyas, ni siquiera una apariencia confiable. Ningún sentido de autoridad. Es probable que hacía tiempo que no se bañaba, y en esta etapa de su viaje, la derrota se veía en sus ojos.

Así sucede con los que se retractan. Ahora mismo, me resulta difícil distinguir a Tierza y a Don de cualquier otra persona en el mundo. Así como era difícil distinguirlos de los otros muchachos que profesaban su separación del mundo cuando estaban en el grupo de jóvenes. Entonces, ¿qué quiere decir esto?

Significa que, de no haber conocido a Tierza y a Don, mi oración por ellos sería la misma que la que usara con cualquier otra persona perdida. Oraría para que Dios preparara el terreno de sus corazones. Oraría para que las semillas del evangelio fueran plantadas y nutridas por el Espíritu y que esas semillas pudieran germinar, y que como resultado de ello, llegaran a conocer a Jesús como Salvador y Señor.

Pero conozco a Don y a Tierza. Sé que escucharon el evangelio y que en un momento dado respondieron al mensaje, pero ahora andan separados del Señor. Mi oración por ellos es un tanto diferente. Oro para que puedan regresar, para que vuelvan a buscar la bendición de la salvación.

¿Tiene amigos que han apostatado? Se me hace difícil creer que no. ¿Cómo reacciona ante ellos? Sé que mi reacción era ignorarlos. Me sentí traicionada al hablar con Tierza. Para ella yo era una fanática de Jesús y de la Biblia, una idiota inocentona. Me insultó. ¿Cómo reacciona usted cuando lo insultan? Yo riposto con algo así: «Bueno, tú eres el idiota simplón. Fanático de Jesús no comienza a describir la clase de fanático que eres». Pero, en este caso, en lugar de ripostar, la venganza perfecta es simplemente no decir nada. Quedarme con el evangelio y dejar literalmente que hierva en sus jugos.

Pero hay otra reacción. Es decirse: «Ah, bueno, eso es problema de ellos. Tuvieron su oportunidad y la perdieron». Para mí, esa idea vino por sentirme rechazada. Tanto Tierza como Don rechazaron mi creencia más querida. Y, al hacerlo, me rechazaron a mí y todo lo que creo.

Pero usted y yo sabemos que no podemos decir ninguna de estas cosas. Tenemos que tragarnos nuestro orgullo, quizás un poco de enojo e indiferencia, y comenzar a orar. También de ser posible nos hace falta mantener esas relaciones, aprovechando las oportunidades que Dios presenta para mostrarles a Él en la forma de Jesús y su obra en la cruz.

O quizás *usted* ha apostatado.

Solo usted conoce su corazón. Mírelo ahora. ¿Conoce a Jesucristo como Señor y Salvador? ¿Está envuelto en su cristianismo? Seguro que siempre podemos esforzarnos más, o, de todas formas, esa es la teoría. Pero usted sabe si está caminando u obrando con Jesús. Si es así, entonces alabe al Señor.

Pero quizás hay una parte de su vida que ha apostatado. Quizás esté alimentando el pecado o una fuente de orgullo. Algo impide que parte de usted se comprometa a estar en comunión por completo con el Señor. Confiéselo hoy y arrepiéntase. De hacer falta orientación, realice la cirugía radical necesaria para eliminar el obstáculo y que esa parte de su vida vuelva a estar en plena comunión con Él.

Quizás ha apostatado completamente y compró este disco y este libro porque... bueno, por lo que sea. Quizás estuvo cerca del Señor, pero ahora no piensa mucho en Él. O cuando lo hace, su rebelión lo domina. No importa cual sea el por qué. Lo único que importa es que comience a pedir ayuda para regresar a Él. Y no ore solo. Llame a una amistad cristiana para que también ore con usted. Sé que yo me alegraría mucho si Tierza o Don me llamaran para eso. Hable con un pastor sobre lo que siente y por lo que está pasando. Este domingo, asista a una iglesia cercana, y cuando se encuentre a gusto comience el diálogo apropiado con los que puedan ayudarle.

Y mientras pasa por todo esto, escuche a su corazón, escuche a Jesús susurrando en su oído espiritual. Él dice:

> *Regresa a mí, regresa a mí,*
> *espero por el día en que*
> *regreses a mí, regresa a mí,*
> *te amo aún.*

SIETE

Estar con Él

Mas Cristo viene a mí,
mientras yo espero
por su paz...
Siempre está allí;
pertenezco a Él,
mi camino largo es...

Estar con Él, estar con Él,
con Él hasta partir...

Mas Cristo viene a mí,
estoy completa en Él;
mi todo es Él...
Puedo oír su voz;
mis ojos Él abrió,
es clara la razón...

Y el día de partir,
Él vendrá y me guiará...
Me llevará a su hogar,
y estaré con Él, estar con Él, estar con Él,
estar con Él, estar con Él, estar con Él...

Mas Cristo viene a mí,
pertenezco a Él,
mi camino largo es...

—Brian Ray

Una querida amiga me escribió una carta en forma de relato.
Para ella, escribir era terapéutico. Enviármela y obtener mi
aprobación la ayudó a luchar con su pérdida. Su relato fue tan
inspirador como para que Brian escribiera «Estar con Él».
Quisiera compartir con ustedes la carta:

> *Mi nombre es Meg y soy la Directora Ejecutiva de mi familia:*
> *un esposo, tres niños (el mayor solo tiene ocho años), dos perros, un*
> *pececito, y un padre envejeciendo, bueno, el recuerdo de un padre*
> *anciano, quien hasta hace unos días, requería atención continua.*
>
> *Me llamo Directora Ejecutiva porque la ejecución del plan*
> *que acordamos mi esposo y yo hace algún tiempo está fundamental-*
> *mente en mis manos. Después de todo, soy la mayor de cinco*
> *hermanos (tres hembras y dos varones), así que mi esposo y yo*
> *sentimos la responsabilidad de atender a mi padre tras desarrollar*
> *un caso un tanto serio de soledad después de la muerte de mi madre*
> *hace unos años atrás.*
>
> *Yo también la extrañaba, y es posible que por eso papá se sentía*
> *tan a gusto llamando por teléfono para hablar sobre ella y de su vida*
> *juntos. A medida que fueron pasando los meses uno encima del otro,*
> *llamaba con más frecuencia, finalmente cuatro veces al día, algunas*
> *veces más. La frecuencia de las llamadas no me molestaba mucho. Lo*
> *que me preocupaba era la desesperación que comenzaba a oír en su*
> *voz. Cada vez se le hacía más difícil colgar. Era como si al hablarme*
> *pudiera mantenerla viva y si colgaba conllevaría a dejarla morir. Y*
> *la amaba demasiado como para hacer eso.*
>
> *Su salud también fallaba. Unos meses después de que ella*
> *muriera comenzó a usar una silla de ruedas y la respiración se le*
> *dificultaba cada vez más. Parecía inhalar aire dentro de sí como*
> *cuando uno saca agua de un pozo muy profundo. En verdad, al*

principio nos sentimos un tanto obligados, por ser yo la primogénita, y por ser la única familia organizada. Una hermana y un hermano estaban casados, no tenían hijos ni vivienda permanente, y el otro hermano y hermana estaban solteros e inestables. Tenemos una casa agradable y un cuarto adicional si los niños se van todos a un cuarto. Además nuestro sueldo podía mantener con facilidad a otra persona. Así que papá vino a vivir con nosotros seis meses después que muriera mamá.

Mis niños siempre han querido a su abuelo, aunque mis padres vivían lejos y solo venían de visita un par de veces al año. Me parece que los abuelos no tienen que visitar mucho para ser abuelos. Simplemente lo son. Los padres tienen que serlo todo el tiempo.

De todas maneras al mudarse los niños no lo dejaban quieto. Se subían a su cama, le pedían paseos en su silla de ruedas montados encima de él, lo único que faltaba era que lo vistieran como una muñeca. Les encantaba ayudarme a prepararle la comida y servírsela, algunas veces en la cama, otras en el comedor. Todos los domingos peleaban por sentarse a su lado en la iglesia.

Aaaah, ¡iglesia! La misma iglesia en donde nos criamos. La misma iglesia que papá pastoreó cuando yo era niña. No todos le recordaban, pero cuando empezó a visitarla fue todo un acontecimiento. Pastoreó allí durante muchos años y todos creían que era maravilloso que regresara durante sus últimos tiempos.

De vez en cuando, quizás para revivir mi juventud, me sentaba en la misma silla que usaba cuando niña. Y luego, de camino a casa, escuchaba a papá decirle a mis niños exactamente lo que me había dicho: «Defiende a Jesús, así como Él los defendió. Vivan por Él, anden diariamente con Él, para que puedan estar con Él para siempre». Ah, me encantaba escucharlo. Había tanta fuerza en aquellas palabras. Crystal, ¿así pasa cuando hablas con tu papá? Probablemente es así. Es como si Dios estuviera sentado allí con usted y estuviera expresando sabiduría eterna y probada. No porque tenga la obligación de hacerlo, sino porque te ama más de lo que te puedas imaginar.

A medida que pasó el tiempo mis niños se acostumbraron a tener a papá alrededor. Jugaban menos con él, ya no se montaban *tanto en su silla de ruedas, no ayudaban a preparar sus comidas, y muchas veces se olvidaban de despedirse en la noche, aunque él nunca se olvidó de decirles buenas noches. Papá se sentaba en «su silla» la mayor parte del tiempo callado y leía y dormitaba, leía y comía y leía y dormitaba de nuevo. Lo que más leía era la Biblia.*

Y, por supuesto, me hizo recordarlo sentado en su silla orando y leyendo la Palabra todas las mañanas. Me siento tan apenada por los niños que crecen hoy en día sin padres. Son tan importantes. Son una verdadera ancla para la familia. Verlos mostrar obediencia a Dios es un testimonio muy importante. Ver a un hombre bajar su cabeza y darle gracias a Dios por lo que Dios ha provisto, incluyendo a sus hijos, es extraordinario. ¡Es grandioso tener a alguien que agradezca a Dios por mi existencia! ¿Cómo es posible que no me sentara durante horas escuchando su consejo? Aún en esos últimos días. Su cuerpo podría deshacerse, pero su mente todavía era muy ágil.

Hace más o menos una semana, precisamente antes del nuevo semestre escolar, me dijo estas conocidas palabras: «Defiende a Jesús, así como Él los defendió. Vivan por Él, anden diariamente con Él, para que puedan estar con Él para siempre». Asentí indiferente mientras los niños bajaban corriendo por las escaleras. Todos agarraron sus tareas y sus meriendas, saltando sobre los perros, la silla de ruedas y los juguetes en el suelo. Salimos para el auto, cada niño despidiéndose de papá tirándole besos con sus labios como si la suerte estuviera envuelta en su relación.

Yo no me molesté en besarlo. Ya era un tanto mayorcita para ese tipo de cosas cuando, en realidad, solo estaría ausente unos minutos. «Adiós ¡linda!» le escuché decir al cerrar la puerta. «¡Te amo! Te veo cuando llegues a casa».

Solo estuve fuera unos minutos pero en esos pocos minutos mi padre murió.

Después del funeral, llegué a mi hogar para encontrar una casa que estaba un poco más vacía. Créame, mi padre jamás ocupó mucho espacio. Pero su muerte dejó un enorme vacío. Causó mucho gozo al llegar. Pero más que gozo, nos trajo el férreo sentido de que Dios estaba allí con nosotros.

Me senté en su silla después del funeral y me quedé mirando la silla de ruedas al otro lado de la habitación. Bueno, una silla de ruedas es símbolo de debilidad, o incapacidad. Pero no había nada débil o imperfecto en cuanto a su consagrado testimonio para con nosotros y las palabras que proclamó. Esas palabras resonaron con la promesa eterna, anunciando al Rey de reyes, el Creador mismo.

Mamá y papá dedicaron sus vidas al servicio de Dios y le contaron a todo aquel que estuviera dispuesto a escuchar que conocer a Dios es el más grande de todos los privilegios, y conocerle le permitirá estar con Él para siempre. Ahora ambos viven la verdad de esa proclamación.

Ah, ¿cuánto le debo a ambos? ¿Cuánto le debo a Dios por dejar que cosechara el beneficio de su obediencia? ¿Podrá saldarse mi deuda? ¿Cuán rica soy? Conocerlos. Conocer a Dios mediante ellos. ¿Podrán saldarse esas riquezas?

Sentada allí (en su silla) y ante ti, prometo que le comunicaré ese legado a mis niños.

Poco después de recibir esta carta, Brian escribió «Estar con Él».

Versículos tras la canción

Por lo cual estoy seguro de que ni la muerte, ni la vida, ni ángeles, ni principados, ni potestades, ni lo presente, ni lo por venir, ni lo alto, ni lo profundo, ni ninguna otra cosa creada nos podrá separar del amor de Dios, que es en Cristo Jesús Señor nuestro.

Romanos 8.38,39

Dos versículos ofrecen la esencia de «Estar con Él». Veremos el segundo más adelante, pero esta es la declaración más clara de la unión de Dios con nosotros que existe en la Escritura. Nada puede cortar los lazos que tenemos con Cristo. Nada. Una vez que somos salvos, una vez que el mazo golpea en el tribunal de Dios declarándonos *justos*, nada puede deshacer lo que se ha hecho. Somos suyos tal y como hemos sido desde la fundación del mundo y como siempre seremos.

El padre de Meg conocía eso tan bien como nadie. A medida que las partes más queridas de su vida lo abandonaron lentamente en aquella silla, él sabía que Dios, en la forma de su Palabra y su querida hija Meg, estarían con él hasta su último aliento.

Por supuesto, esto también nos corresponde a nosotros. Casi puedo apostar que ahora mismo usted enfrenta algún tipo de prueba. Es posible que sea algo pequeño. Algo que simplemente lo irrite, o le cause cierta preocupación. Quizás alguien en el trabajo era amistoso y ahora comienza a actuar diferente. Quizás está preocupado por algo que dijera su hijo. Podría ser cualquier cosa, pero lo está carcomiendo y no sabe qué hacer en cuanto a eso.

Tal vez el asunto no es tan pequeño. Quizás, al igual que Meg, enfrenta la muerte de un ser querido. Pudiera ser que lo hayan despedido de su trabajo. Quizás vino a escuchar *Oro* y leyó este libro porque le hacía falta el consuelo que algo como esto podría ofrecer.

Jesús está con usted, sin importar lo que esté pasando ahora mismo.

Usted ya sabe eso. No le estoy diciendo nada nuevo. Pero podría ser que en el pasado le llevaba las cosas al Señor y se ha sentido insatisfecho con lo que obtuvo. Quizás la situación empeoró en lugar de mejorar. Tal vez no resultó como quería. O sintió que se le estaba pidiendo que hiciera algo que no se atrevió a hacer y al pasar el tiempo decidió que era mejor manejar las cosas por sí mismo. Para nosotros los pecadores que todavía tenemos remanentes del mundo fluyendo en nosotros, es fácil llegar a esa conclusión.

Cómo encontrar fuerza en la debilidad

Una parte esencial del conocimiento de Dios está con nosotros, es entregarse a su dirección y a su voluntad. A Elías, durante la sequía de tres años, se le ordenó quedarse con una viuda en Sarepta. Cuando llegó le dijo a la viuda que le preparara pan para comer. Pero ella le dijo que solo le quedaba un puñado de harina y un poco de aceite. En realidad, pensaba preparar lo que quedaba para su hijo y entonces morir de inanición. Elías le dijo que de hornearle el pan a él, con lo que quedaba de comida, jamás se quedaría sin harina y aceite. Por fe hizo como se le ordenó y mantuvo la promesa (véase 1 Reyes 18.9-24). Algunas veces Dios prueba nuestra fe primero y después nos da todas las cosas.

Entregarse es una parte esencial de la fe cristiana. De sentirse reacio en manera alguna, haga lo que hizo el padre de Meg, entréguese a Cristo y Él lo resolverá.

Pero, en última instancia, ¿acaso el padre de Meg no enfrentó la muerte a solas?

Es posible que piense eso en base al relato. Pero no fue así. Según entiendo la carta de Meg, creo que el final de la existencia de su padre terrenal fue arreglada para que pudiera morir en la exclusiva compañía del que más lo amaba: Jesús.

Una segunda verdad brilla a través de la vida del padre de Meg:

> *Vosotros sois la luz del mundo; una ciudad asentada sobre un monte no se puede esconder. Ni se enciende una luz y se pone debajo de un almud, sino sobre el candelero, y alumbra a todos los que están en casa. Así alumbre vuestra luz delante de los hombres, para que vean vuestras buenas obras, y glorifiquen a vuestro Padre que están en los cielos.*

Mateo 5.14-16

A medida que el fuego de la vida del padre de Meg comenzó a desvanecerse, el fuego de Cristo que llevaba por dentro se hizo más brillante. El Señor nos dice que su fortaleza se muestra en nuestra debilidad. A medida que nuestra vista, y extremidades fallan, y nuestro corazón se apresta a latir por última vez, Dios aparece más fuerte. Pero, ¿por qué? ¿Cómo puede Dios aparecer de manera tan fuerte en una voz temblorosa? ¿O brillar de manera tan resplandeciente en ojos nublados?

Porque «el fruto del Espíritu de Dios» jamás se marchita. Amor, gozo, paz, paciencia, benignidad, bondad, lealtad, gentileza y dominio propio (véase Gálatas 5.22). Estos son los resultados de nuestra relación a largo plazo con Jesús y son evidentes en cada parte de nuestras vidas. Aún sentado en su silla, el padre de Meg exhibía estas características divinas.

Esperó tan pacífica y pacientemente por la atención que recibió de Meg como esperó para que Jesús viniera y se lo llevara a casa. No había rencor, no se enfureció en contra de su enfermedad y su mortalidad. En verdad, su tranquilidad era monárquica, su paciencia majestuosa, aunque, de haber estado irritado, todos lo hubieran comprendido. Realmente estuvo activo toda su vida y luego fue reducido a sentarse, leer, y a que lo atendieran. Algunos podrían considerar esa clase de final degradante, hasta humillante. Pero él estaba gozoso, era bondadoso y gentil, aceptando el amor de los que lo rodeaban sin quejarse, hasta cuando la expresión de su amor comenzó a desaparecer. ¿Benignidad? ¿Dominio propio? He conocido a personas que llegaron al final de su camino tan enojados que siempre trataban a los que los rodeaban de manera brusca, creando hostilidad por doquiera que iban. Del padre de Meg solo salió benignidad, porque hasta en los inevitables momentos de melancolía ejercía control propio.

Finalmente, el padre de Meg mostró amor y lealtad. En sus últimas palabras a Meg, ambos ardieron a través de él como el sol en un día claro de verano. «Defiende a Jesús, así como Él los defendió. Vivan por Él, anden diariamente con Él, para que puedan estar con Él para siempre». Su padre mostró amor al enseñarle enfáticamente a ella una de las grandes verdades, dándole un regalo precioso, el único que le restaba para dar. Mostró amor por Jesús al creer cada palabra que dijo. Mostró lealtad para con su hija como buen padre. Los buenos padres dirigen a sus hijos aún cuando sus piernas estén demasiado débiles como para caminar. Y mostró lealtad al Señor que amaba, porque hasta el final, proclamó a Dios de la única manera que sabía hacerlo ante la audiencia que tuvo delante.

Alabe a Dios por padres como el de Meg y como el mío; oro para que sus padres sean así.

Pero esta luz brillante no es exclusiva en los padres. Está en todos los que hemos aceptado a Jesucristo como nuestro Señor personal y Salvador. Y nuestra tarea como cristianos es tomar un paño limpio y pulir esa luz todos los días para que se convierta en un faro brillante.

¿Por qué?

1 Pedro 3.15 se expresa de esta forma: «Santificad a Dios en vuestros corazones, y estad siempre preparados para presentar defensa con mansedumbre y reverencia ante todo el que os demande razón de la esperanza que hay en vosotros».

Nuestras luces han de alumbrar de manera tan brillante mediante el transcurso normal de nuestras vidas que los que nos rodean se verán inclinados a pedirnos nuestro secreto espiritual.

Hace algunos días estaba en el supermercado con los niños. Isabella se sentó en el asiento para niños del carrito de compras mientras Salomón iba a su lado. Ya era tarde y todas las cajas registradoras estaban llenas de carritos repletos de mercancías. Frente a nosotros habían dos abarrotados. Los niños ya habían visto todas las golosinas y estaban ansiosa y ruidosamente eligiendo lo que deseaban, mientras cambiaban sus selecciones rápidamente. De pronto sucedió algo inexplicable. La caja registradora a mi lado solo tenía una persona con pocos víveres. Me apuré a mover el carro de compras, que estaba lleno, y dirigirme hacia allá. Estaba a punto de colocarme en esa fila cuando otro carrito de compras, empujado por una mujer con niños y todo, se puso en el medio y ocupó el lugar que yo quería.

—¡Con su permiso! —me ladró.

—Lo siento, simplemente iba hacia esta caja registradora.

—¡Pero yo dije que iba para esa caja registradora!

—Pero no la escuché.

—¡Lo dije tres veces! —ladró de nuevo.

—Pero no la escuché —insistí.

—Se lo dije a mis niños —ladró odiosamente y se plantó en la fila.

Me tragué la necesidad de contestarle y regresé a la fila en donde estaba antes.

—La liquidé —escuché susurrar a mis espaldas.

—Bueno —le dije a la mujer que estaba parada frente a mí—, probablemente tuvo un día difícil. Me parece que el Señor no le está dando la fuerza que me da a mí.

Frente a mí Salomón jugaba con una barra de chocolate. Le quité la barra de chocolate y le dije dulcemente:

—Sabes que debes pedir las cosas con cortesía.

Estoy convencida de que las pruebas muchas veces llegan no tanto para probarnos, sino para que otros puedan ver a Cristo a través de la ventana abierta de una respuesta adecuada.

Quizás su respuesta a las pruebas por las que está pasando ahora mismo servirán para darle ánimo a alguien cercano. Incluso pudiera servirle a alguien que ni siquiera conoce. Deténgase y sienta la presencia de Jesús en su vida. Siéntala en su habitación. Siéntala obrando todo para bien. Ahora abrácelo y permita que Él lo abrace. Entréguele la prueba y deje que Él lo dirija por el camino.

Permita que esté con usted mientras se compromete a «Estar con Él».

O C H O

¿Qué del Señor?

¿Qué del Señor?
¿Qué del Señor?

¿Dónde estoy que no lo siento como ayer?

¿Puede un hombre olvidar y dejar de sentir
la presencia de su amigo fiel?

¿Qué del Señor?
¿Qué del Señor?

¿Dónde estoy que no lo siento trabajando nunca más?

¿Puede un hombre olvidar y dejar de sentir
la presencia de su amigo fiel?
¿Puede un hombre olvidar y dejar de sentir
la presencia de su amigo fiel?

¿Qué del Señor?
¿Qué del Señor?

¿Qué del Señor?

—Brian Ray

Metro One, nuestra compañía de grabación, tiene pocos empleados, pero son de los mejores. Son inteligentes, trabajan arduamente, y sin ellos se haría difícil hacer todas las cosas. Nuestra oficina está en el piso superior de un edificio de dos plantas que cuando lo compramos necesitaba algunas reparaciones. Como deseábamos lo mejor para nuestros empleados y un ambiente más inspirador para nosotros, decidimos redecorarlo. Realmente el asunto era *reconstruirlo*.

Por supuesto, decidimos hacer esto en medio de la producción de *Oro*.

De pronto nos vimos enredados con decoradores y compradores, eligiendo colores y asignando oficinas. Para instalar las computadoras teníamos que asegurarnos de que los cables eran los adecuados y que las conecciones estaban en los lugares indicados. La lista era inmensa y hasta ahora el trabajo no ha terminado. La grabación está lista, pero nuestras oficinas no.

Es probable que Martín Lutero escribiera algunos de los himnos más grandes de todos los tiempos en un cuarto de piedra con una pluma. El ambiente que podamos crear realmente no importa. Tener un lugar agradable para trabajar es algo maravilloso ya que en él pasamos mucho tiempo, pero aun así cualquier cosa que ocurra puede ser motivo de distracción.

Mencioné las computadoras. No sé nada de computadoras, pero se supone que sea fácil aprender a usarlas; salen instrucciones por todas partes en la pantalla, diciéndonos qué hacer y qué no hacer. He escrito muchas cosas y no sé cómo imprimirlas. Simplemente no imprime aunque me pase una hora tratando.

Todas las distracciones nos apartan de la presencia de Dios, nuestro Amigo más íntimo.

Las distracciones juegan con las distracciones

Una noche nos sentamos a cenar. ¡Es una experiencia interesante cuando hay niños de cuatro y dos años! Después de un rato todos estábamos situados y Brian y yo inclinamos nuestras cabezas para orar.

Realmente no bajé mi cabeza por completo; la incliné hacia a un lado mirando a Salomón y a Isabella con el ojo derecho para asegurarme de que oraban con nosotros. Usualmente bajan sus cabezas y suben sus manos entrelazándolas frente a sus rostros, y escuchan.

Pero esa noche Salomón parecía estar más interesado en quitarle el fondo al plato con su tenedor. Brian apenas había dicho: «Querido Señor, bendice...» cuando le ladré a Salomón: «Estamos tratando de orar».

Brian saltó, Salomón saltó, el plato casi voló en el aire y el tenedor se cayó al piso. Tuve que reírme. Henos aquí ante nuestro Salvador como familia, yo ladrando y los tenedores volando. La distracción de Salomón me distrajo de lo verdaderamente importante, mostrarle a mi hijo la mansedumbre de Dios cuando nos observa. Sencillamente debí haberle puesto mi mano sobre la suya para atraerlo de nuevo a la oración de su padre.

Pero algunas veces las distracciones están más escondidas y volver a concentrarse no es fácil.

Siempre me parece peculiar escuchar o ver a alguien que apostata del Señor. ¿Qué los atrajo? ¿Qué oferta parecía más atractiva? ¿Qué distracciones atrajeron su foco y lo retuvieron? Generalmente las respuestas me sorprenden, porque las distracciones son bastante evidentes. (Satanás tiende a usar los mismos viejos trucos para alejarnos de la verdad. Por una lado esto podría parecer estúpido, pero que sigamos cayendo por los mismos trucos dice mucho sobre nuestra estupidez y no sobre la suya.)

A menudo las distracciones son cosas en las cuales hemos caido varias veces. Cosas que aparentemente no podemos derrotar: otro trago, una cita más. Se nos engaña para que pensemos: *uno más* y después se convierte en: *esto no es tan malo*. Pronto se sepulta la culpa.

Una cosa que he aprendido sobre las distracciones es que la distracción misma se convierte en la cosa o persona a la cual le achacamos nuestra apostasía. Es como si dijéramos, «¡Ah! Qué alivio es tener algo o alguien a quien echarle la culpa». ¡El único problema es que es una mentira! Somos responsables por nuestras acciones, palabras, y elecciones. Elegimos sentirnos complacidos o distraídos en nuestras relaciones con el Señor. Lo triste es que mientras más nos alejemos, más difícil es reconocer su voz.

Una de las cosas más inexplicables de la creación es que Dios nos creó con la capacidad de elegir. Tenemos la oportunidad de elegirlo, pero también le permitió al mundo que compita por nuestra atención. La carga descansa sobre nuestros hombros para negarle al mundo el acceso a nuestros corazones y enfocarnos en las cosas de Dios (véase Colosenses 3.2).

La letra de «¿Qué del Señor?» apareció mientras evaluaba el poder de las distracciones y el desafortunado hecho de que muchos ceden ante ese poder.

Versículos tras la canción

Pero los afanes de este siglo, y el engaño de las riquezas, y las codicias de otras cosas, entran y ahogan la palabra, y se hace infructuosa.

Marcos 4.19

Sansón fue bendecido por Dios. Fue apartado desde su concepción por el Señor para hacer cosas especiales. Como le dijera el ángel del Señor a sus padres: «Él comenzará a salvar a Israel de mano de los filisteos» (Jueces 13.5). Le fue dada la capacidad para hacer precisamente eso. Era valiente, increíblemente fuerte, e impetuoso. Y a pesar de que era la persona indicada para hacerlo, nadie en la Escritura estuvo más distraído.

Primero fue distraído por una hermosa mujer filistea, Timnat, cuando debió haber buscado una esposa de entre su propio pueblo. La distracción llevó a que Timnat traicionara a Sansón con sus amistades filisteas y, por eso, Sansón mató a treinta personas. Entonces perdió a Timnat por causa de otro hombre y en lugar de aprender de esa experiencia y regresar a sus deberes como juez de los israelitas, se distrajo de nuevo. Tras enojarse por la pérdida de Timnat fue y quemó la siembra de grano de los filisteos. Esto hizo que Sansón continuara matando.

No pasó mucho tiempo antes de que se presentara Dalila y todos conocemos su traición. A fin de cuentas la vida de Sansón, atado a los pilares del templo filisteo, se redujo a un sencillo pero asombroso acto de venganza, llevarse con él a la eternidad a tantos filisteos como fuera posible.

Aunque Dios estuvo con él por el camino, nadie podría afirmar que Sansón llevó una vida triunfante.

Cómo hallar la meta para su vida

Pero, ¿cómo vivir de esa manera? ¿Cómo podemos prevenir la distracción para vivir así?

Una razón por la cual Sansón no vivió victoriosamente fue que esa no era su meta. Al leer este pasaje, es difícil determinar la meta de Sansón. Su vida fue una manifestación de acontecimientos sin ningún sentido de dirección o propósito claro, pero a pesar de sí mismo y de la raíz de sus acciones, pareció haber realizado lo que Dios tenía en mente: el comienzo de la separación de Israel de los filisteos. Percatarnos de esto nos lleva a concluir que para eliminar las distracciones en nuestro andar cristiano, lo primero que nos hace falta es una *meta en la vida*.

Por supuesto, el Señor ya tiene una para nosotros: «Amarás al Señor tu Dios con todo tu corazón, y con toda tu alma, y con toda tu mente. Este es el primero y grande mandamiento. Y el segundo es semejante: Amarás a tu prójimo como a ti mismo» (Mateo 22.37-39).

Pero soy una criatura individual y singular de Dios. Aunque estos mandamientos sirven como base firme, quería construir mi meta general sobre ella. Así que dije, «Voy a darle prioridad a Dios por sobre todas las cosas, después estarán mi familia y mi ministerio».

Palabras excelsas, ¿verdad? Aunque conllevan algo que nos invita a responder: «Cierto, pero eso se da por sentado». Pero *no* se da por sentado. Tan pronto como lo dije, ya no podía ignorarlo. Decirlo le da validez. Esta meta en la vida se convirtió en un patrón para la evaluación de todo lo que hago.

Solo como experimento, solo por unos minutos, pretenda que mi meta sea la suya. Dígaselo, si quiere, escríbalo y ahora haga una lista de cosas que ha hecho hoy. Sea tan detallado como quiera. Entonces marque las cosas que no encajan. ¿Puede encontrar algo?

Sé que en mi día puedo encontrar cosas que no se ajustan. Una de ellas sucedió aproximadamente hoy a las seis de la mañana. Hace una semana pasamos varios días grabando una de las canciones para el disco *Oro*. Anoche tuve la oportunidad de escuchar la última canción, la versión preparada y mezclada que al fin y al cabo iba a ser incluida en el disco. Luego de escucharla varias veces, decidí que había algo que no parecía correcto, peor aún, no podía encontrar cuál era el problema exactamente.

Luego de dormir toda la noche, algo pasó en mi interior, y en lugar de leer mi Biblia, orar y meditar como trato de hacer cada mañana, salí directo para el estudio de grabación. Bueno, eso no era lo indicado. De haber considerado mi itinerario matutino a la luz de mi meta general, hubiera pasado el tiempo necesario con el Señor, para luego lidiar con la grabación tal y como se ajustaba en mi programa de prioridades para el resto del día. Después de todo, el Señor está en control y no tenía por qué estar ansiosa en cuanto a la grabación. Si algo requería atención, lo encontraría, y encontrarlo unas horas después no sería de gran importancia.

Nadie es perfecto y es difícil evaluar cada pequeña interrupción así como medir nuestra reacción a la luz de nuestra meta general en la vida, la cual, a su vez, nos define. Así que habrán momentos cuando nos encontremos perdidos en el campo, sin estar seguros de cómo llegamos allí.

No hace mucho alguien se me acercó en la iglesia para ayudar en una campaña de recaudación de fondos para un nuevo edificio. Iba a ser un gran esfuerzo con muchas personas envueltas, y como soy una persona un tanto célebre creyeron que yo sería algo valioso en el esfuerzo. Accedí a participar. Bueno, conllevaba algo más que participar, ¡era un compromiso a tiempo completo! Me entregaron una lista de personas para visitar tan larga como mi brazo. Me dieron una lista de reuniones a las cuales había que asistir que era igual de extensa. Y entonces había formularios para llenar, instrucciones sobre qué hacer con esta donación o aquella otra, y los nombres de los respectivos coordinadores. Antes de que pudiera darme cuenta de ello, mi vida había cambiado. Ya no era la cantante que hablaba ocasionalmente a su audiencia. Ahora era una oficial financiera del Señor. Y según crecía como oficial financiera, era menos madre, esposa y cantante.

Pero había más.

Cuando me esforcé por cumplir mis metas generales en vista de mis prioridades (¿acaso no sueno como alguien preparándose para una sesión corporativa de planificación?), estaba ardiendo por Cristo. Pero como hacía algo para lo cual no estaba bien preparada y equipada, me despertaba todas las mañanas sintiéndome derrotada. Me puse de mal humor, me sentía culpable, y en contra de casi todo el mundo.

Estaba en contra de los recaudadores de fondos porque me apartaban de las cosas que más amaba. Estaba en contra de mi familia y de los del equipo del ministerio, porque me sentía culpable por menospreciarlos. Y estaba en contra del Señor, porque permitía que sucediera todo esto que me estaba causando mucha tensión innecesaria.

Luego de pensar y orar por un tiempo, me di cuenta de que el Señor no tenía nada que ver en esto. Era yo. Me permití distraerme de lo más importante para mí. Por supuesto, de haber tenido el tiempo, la energía, y la inclinación a ser recaudadora de fondos, todo hubiera salido bien. La recaudación de fondos es una actividad eclesiástica, y la iglesia verdaderamente está en mi lista de prioridades. Pero no precede a mi relación con el Señor, mis niños, mi esposo o mi ministerio musical. Decidí reenfocar las cosas, así que renuncié a esa actividad.

Ahora bien, de sentirse desanimado o en contra de sus compañeros de trabajo, puede estar seguro de que Dios le ha dado otros asuntos en su mayordomía, otros talentos, y dones diferentes a los que está usando. Le ha dado otras cargas. Mi hermana tiene un ardiente deseo de trabajar en el centro de la ciudad y está organizando su vida para hacer su contribución para el Señor allí.

Las preguntas que debe usted hacerse son: ¿Cuáles son mis cargas? ¿Qué talentos tengo? ¿Quiénes son las personas, y cuáles son las responsabilidades que me ha dado el Señor? Y con las respuestas en mente preguntarse: ¿Cuáles son mis metas? Así que cuando organice su día, y en mayor escala su vida, podrá ser fiel a la meta.

Cuando comience a vivir de esta manera, se sorprenderá de cuánta energía y propósito poseerá. Y la razón es sencilla, jamás se preguntará: *¿Qué del Señor?*

Cristo, yo creo en ti

Aún si poder
tu santo rostro contemplar,
y aunque tu trono arriba en los cielos
lejos parece estar...

Aún si poder
la herida de tus manos tocar;
hay en mi alma un gozo profundo
que hace mi fe vibrar...

Cristo, yo creo en ti;
yo siempre creeré en ti.
Aunque no pueda verte, Señor,
eres real en mi corazón.

Cristo, yo creo en ti;
yo siempre creeré en ti.
Aunque se niegue el mundo a creer,
no dejaré mi gozo perder...
Yo creo en ti.

Enviado del cielo,
eres aquel escogido por Dios.

Eres el único y cierto camino
hasta su corazón...

Moriste en la cruz,
resucitaste y hoy vives en mí.
Venciste al pecado y la muerte...
¡Y ahora soy libre al fin!

—Tommy Walker

¿Por qué creo en Jesús? Es una pregunta razonable, presente en la médula de mi testimonio. Si alguien se me acerca y me reta a explicar por qué, ¿qué diría? Después de todo, uno no puede ver al Señor. No habla con voz audible, al menos ya no lo hace tan a menudo. No se hace visible frente a nosotros ni mueve objetos. No obedece a nuestros mandatos, cual genio, para que veamos una relación directa entre causa y efecto. Imagínese que le dice a una amistad: «¿Quieres saber por qué creo que Dios existe? Mira esto: Dios, abre esa puerta. Sopla esa trompeta. Revélate a ella para no tener que hablar sobre ti. Ella simplemente creerá».

Es importante que entendamos por qué creemos, no solo porque es parte esencial de nuestro testimonio, sino porque ayuda cuando dudamos. Y créame, de vez en cuando me pasa.

Hace tiempo, cuando en un momento las cosas no iban muy bien con un proyecto en el que trabajaba (y que estaba segura que el Señor quería que se completara), comencé a dudar. Al tratar de animar mi fe comencé a enumerar todas las pruebas de la existencia de Dios.

Sí, pruebas. Hoy los científicos se apasionan por decirnos que no hay pruebas de la existencia de Dios, pero las pruebas las tenemos a nuestro alrededor.

Siento mi escritorio, sé que existe, puedo tocarlo, tiene sustancia. Y mi escritorio es una prueba de que Dios existe. Tiene composición material, en este caso, madera. Si Dios no existe, ¿de dónde vino todo? ¿Simplemente quiso existir y así lo hizo? Y de ser así, ¿de dónde vino esta voluntad? Los antiguos filósofos acostumbraban referirse a esto como «la causa inicial». Y esta primera causa causó otras tantas. Miles de cientos de millones de planetas y otros miles de cientos de millones de estrellas, y cientos de millones de toneladas de gas y partículas minúsculas.

Aunque crea en la idea de que todas esas «cosas» siempre han estado allí, tiene que razonar: «Muy bien, *siempre* es un concepto agradable, pero aquí estamos hablando de cosas, objetos físicos, todas esas cosas tienen que venir de algún sitio». En nuestra imaginación podemos ver cosas surgir de la nada, pero *no* en la realidad. Aún cuando vemos a un mago sacar un conejo de un sombrero, la realidad nos dice que el conejo estaba en otro lugar, esperando ser revelado. Es imposible obtener algo de la nada, *es decir, sin un Creador*. Y en el caso de mi escritorio, estamos hablando de madera *real*. Solo pudo llegar aquí creada por un Creador.

¿Cómo seguir el orden de Dios?

¿Dónde estaría un agricultor si las cosechas no obedecieran leyes? ¿Si no pudiera contar con que las semillas han de reaccionar de cierta manera ante los fertilizantes, la humedad y el calor? ¿Y si una vez el maíz creciera en un mes y en otra ocasión le tomara un año? El maíz siempre reacciona de la misma manera.

Todos los químicos obedecen reglas. Reaccionan de la misma manera al mismo estímulo en todo momento. De no ser así, ¿cómo los fabricantes pueden hacer, de manera consistente, diversos productos? ¿El papel, la tinta, etc? Si los químicos reaccionaran inconsistentemente entre sí, ¿cómo es posible que la gasolina funcione de la misma manera dos veces? ¿Cómo puede prevenirse que los aditivos alimenticios lo maten accidentalmente?

¿Qué clase de mundo sería este si al golpear el hierro en una ocasión se despedazara y en otra explotara?

Los químicos no tienen cerebro. Simplemente obedecen. ¿Y de dónde vienen las reglas o la capacidad para seguirlas a no ser de un Creador?

El caos llega cuando se deshace el orden: Mire el cuarto de Salomón antes de yo ordenarlo. El orden no proviene del caos: Mire cuando le pido a Salomón que limpie su cuarto.

Así que aquella noche cuando mis dudas estaban trabajando tiempo extra, escribí estas cosas. Y tengo que admitirlo, funcionó un poco. La evidencia de un Creador era potente. Pero todavía tenía un canto discordante en mi corazón. Quizás no era tanto que yo dudara de la existencia de Dios, quizás era su amor y mi lugar en el plan para su reino.

Escuché un gemido en el cuarto de Isabella. Aparté la silla del escritorio lo más silenciosamente posible y fui hasta su cuarto. Un rayo de luz del pasillo cayó sobre su forma dormida. Su brazo estaba sobre la colcha y en el reflejo de la luz vi su pequeña mano agarrando una parte de la sábana. Estos son los momentos más preciosos de una madre, estar parada ante su niño dormido, ver su pecho subir y bajar, su rostro tan suave e inocente.

Me arrodillé al lado de su cama y puse mi dedo dentro de su mano. Mientras dormía, sus minúsculos dedos apretaron el mío. Ah, caramba, sus dedos eran maravillosos, tan delicados, tan perfectamente formados, tan inocentes en todo lo que hacían. Pensé en el Salmo 139, cómo Dios nos formó en el vientre, cómo nos tejió allí, y cuán ansiosa y maravillosamente fuimos hechos. ¿Cómo es posible que mi elegante y hermosa Isabella fuera creada por un amoroso Creador?

Oré por mi hija, por mi hijo y por mi esposo mientras estaba arrodillada. Y mientras oraba sabía que estaba ante el trono del Dios que me conocía desde antes de la fundación del mundo. Mi Señor Jesús. Mi Padre. Mi bendito Espíritu Santo.

Estaba llena con el conocimiento de Él. Regresé a mi escritorio y continué escribiendo las canciones para esta grabación. Me acordé de una canción que una amiga había cantado recientemente en la iglesia. Hice una nota para llamarla y pedirle que me enviara la letra. Era perfecta, como si mis pensamientos hubieran sido interpretados y expresados mediante el canto. Y ahora lo digo nuevamente sin duda alguna, «Cristo, yo creo en ti».

Versículos tras la canción

A quien amáis sin haberle visto, en quien creyendo,
aunque ahora no lo veáis, os alegráis con gozo inefable y
glorioso; obteniendo el fin de vuestra fe, que es la salvación
de vuestras almas.

1 Pedro 1.8,9

Estos versículos me encantan. A mí me lo resumen todo. En realidad, no podemos ver a Dios, pero creemos. Vemos su mano obrando en cada aspecto de nuestras vidas. Dios, como tanto he oído decir, es como el viento. En realidad no podemos ver al viento, pero verdaderamente podemos ver su efecto en todo lo que toca. Así es con Dios. El movimiento de su mano es inconfundible. Sin embargo, hay momentos cuando nos vemos frente a circunstancias que no son muy deseables y nos cuestionamos si Dios las ha ordenado o no. Es en esos mismos momentos es que debemos preguntarnos: «¿Qué creo? ¿De qué está hecha mi fe?»

Ante la frustración, ¿cuál será su respuesta?

¿Qué creo?

Creo que Dios asumió forma humana y caminó entre nosotros. Creo que ese hombre, Jesús, murió en la cruz. Creo que soy perdonada por la sangre que Él derramó en esa cruz. Creo que se levantó de entre los muertos al tercer día. Creo que regresará. Creo que prepara un lugar en el cielo para aquellos que son llamados hijos de Dios. Creo en la Biblia, que es la Palabra inspirada de Dios.

¿Usted cree en la Biblia? Léala. Está llena de relatos, parábolas, profecía, y verdad. La Biblia es un libro de historia también. Ha soportado el escrutinio y puede ponerse al lado de cualquier otro libro de historia. Pero el asunto es que como cristianos debemos creerla toda, en su plenitud; nada más, nada menos.

He encontrado personas que recogen y eligen relatos y verdades de la Biblia... y usualmente solo las buenas, las que apoyan su filosofía. Pero, ese es el problema. Es la filosofía suya, no la de Dios. Somos llamados a una medida más elevada que a una que nosotros hayamos creado. Somos llamados a la santidad, algo que no podemos alcanzar por nuestra propia cuenta. Algo que requiere fe.

La Biblia, más que un libro de historia, un libro de relatos, o un libro de verdades morales, es el aliento mismo de Dios. Sus puras palabras fueron escritas por las manos de personas dispuestas que tenían una fe inconmovible, y que no difiere de la cual somos llamados usted y yo. Estos hombres confiaron en que lo que Dios les pedía que hicieran era real. Estoy segura de que muchas personas se burlaron y los ridiculizaron por tener ideas tan fantásticas. «¡Ja! ¿Palabras inspiradas por Dios mismo? ¿Cómo es posible que aceptes esa tontería?» podrían decir. Algunos creyeron y otros no.

¿Ha tratado alguna vez de conversar acerca de la Biblia con alguien que no cree en ella? Es difícil. Realmente, uno golpea una pared de ladrillos. Puede intentar probar su punto usando la Biblia como prueba, pero como no creen en ella, no tiene terreno común sobre el cual afianzarse. ¿Qué hacer? ¿Cómo puede expresar la compasión, benignidad, amor, y verdad de Dios en este libro a menos que tenga una audiencia creyente? Primero, debe percatarse de que golpear a una persona o forzarla con la Biblia solo los apartará más de la verdad. Segundo, debe darse cuenta de que su vida y cómo la vive es el mejor ejemplo de su creencia. Si verdaderamente cree en lo que dice creer como cristiano, entonces esa creencia se reflejará en sus acciones, palabras, actitudes, y relaciones. Vivir lo que cree es más convincente que las palabras.

¿De qué está hecha mi fe?

No hace mucho recibí una carta de una amiga. Ella es una de esas personas que prefiere una religión con muchas alternativas, seleccionando esto y aquello de aquí y de allá para hacer una marca de Dios o santidad que se ajuste a su manera de vivir.

(No hace falta decir, aunque de todas maneras voy a decirlo, que hemos de adaptarnos a la medida de Dios, no al revés). Llegamos a conocernos bastante bien ya que trabajamos juntas durante varios años, y me familiaricé muy bien con su vida y sus creencias; sabía quién era y a quién pertenecía.

Hacía algún tiempo que habíamos perdido el contacto cuando recibí su carta, la que concluyó con una frase que realmente me llamó la atención: «Crystal, me encanta de lo que estás hecha». Desde ese entonces no hemos hablado mucho. Solo puedo asumir que algo que dije o hice la hizo pensar, y me pregunto en qué piensa. ¿Cuántas personas ven su fe realizada de forma vívida y activa?

Lo más raro del comentario de mi amiga era que durante el tiempo en que fuimos buenas amigas, yo luchaba espiritualmente, dudaba, cuestionaba, y estaba frustrada, aunque mi fe seguía firme. Yo no merezco el crédito. Lejos esté de mí desear tal cosa. Estoy totalmente consciente de que mi fe descansa solo en mi dependencia en Dios. La fe está hecha de lo que no podemos ver (véase Hebreos 11.1). Algunas veces no podemos ver el propósito de Dios para nuestras vidas o las circunstancias envueltas, pero seguimos firmes. Esa es la fe.

DIEZ

Díos y yo

Tengo altivez, Él es humilde;
¡Yo soy deshonra, Él es gloria!
Soy, soy engañosa, Él es veraz;
yo no soy digna, más Él es dador

Su muerte por mi, Dios y yo;
si me aparto de Él,
sé que ciertamente moriré.
No tengo mucho que dar en mí,
y solo su amor
tengo vida eterna por vivir

Él es plenitud, yo estoy tan vacía;
¡Él es amor, yo necesito amor!
Él siempre está aquí, yo siempre soy buscada;
Él es dador, yo no soy digna.

—Brian Ray

Los niños y yo visitábamos a mis padres en el estado de Washington mientras Brian se quedaba trabajando. Visitarlos siempre es divertido, especialmente para los niños. Mi madre realmente disfruta ser abuela. Continuamente está haciendo entregas de ese amor en sus corazones horneándole galletas, comprándole sus libros favoritos de colorear, jugando al escondido, o haciendo otros cientos de cosas.

Obtienen todo lo que quieren. Además mis padres tienen una casa enorme así que los muchachos tienen mucho espacio para corretear.

Tengo la fortuna de que mamá se cansa de vez en cuando y tiene que abandonar las galletas y los libros de colorear, dejar de buscar a quién sea que esté escondido donde solo Dios sabe, y se sienta conmigo a tomar una taza de té. Ahí es que volvemos a conocernos, al menos unos dos segundos, entonces volvemos a ser tan «enloquecidas» como siempre. Mi madre y yo somos locas la una con la otra. No pasa un minuto sin que nos echemos a reír por esto o aquello, poniéndonos al día en los relatos familiares, y por supuesto, desea escuchar cada cosita cariñosa que los niños se han atrevido a hacer sin ella. Y, aunque tenemos nuestras pequeñas batallas, aunque algunas no son tan pequeñas, siempre terminan con una llamando a la otra, llorando y excusándonos. Entonces, una vez que aclara la tormenta, volvemos a hablar cual *madre* e *hija*.

Bueno, una de esas batallas ocurrió en este viaje.

Como dijera, Brian estaba solo en la casa. Y a diferencia de Macaulay Culkin, no tenía que luchar contra intrusos, así que después del trabajo no tenía nada que hacer. Nos extrañaba. Y cuando nos extraña usualmente hace dos cosas. Se pone un poco melancólico y escribe letras de canciones que usualmente reflejan su estado de ánimo.

En este caso, comenzó a pensar sobre su relación con el Señor. Primero permítame decir que Brian tiene una relación sólida con Cristo. Ora frecuente y fervientemente a solas, conmigo, y con los niños. Lee la Biblia fielmente y trabaja arduamente por aplicar los preceptos de la Escritura a su vida y a nuestra familia. En todo lo que hace, trata de ser un buen esposo y padre cristiano y mantiene los patrones más exaltados de moral y ética en nuestro negocio y ministerio.

Pero a pesar de lo buen cristiano que es, al compararse como cualquiera de nosotros lo haría con la pureza de Dios y la absoluta perfección de Jesús, surge un enorme abismo entre ellos. Es como la diferencia entre el blanco y el negro. De esta exploración personal surgió la canción, «Dios y yo».

Seguimos la escuela Lennon-McCartney de colaboración. Cada uno de nosotros escribe según somos inspirados, entonces nos lo comunicamos y conversamos. Al escribir las palabras quiso que las escuchara. Es invariable que lo que uno de nosotros crea tenga que crecer un poco en el otro. Generalmente la primera impresión es: «Bueno, está bien, apuesto a que llegará a su sitio con un poco más de esfuerzo». Luego tendemos a resolverlo.

Esa fue mi primera reacción cuando leí el fax de Brian.

Mi error fue expresarlo frente a mamá.

Como es conocedora de música, se creyó necesitada, así que agarró de inmediato la página con una mano y un lapicero con la otra. Pronunció *las palabras*: «Bueno, vamos a ver qué podemos hacer aquí para que esto "cante"».

Y comenzó a editar la canción de Brian.

«¿Qué haces?»

«Estoy mejorándola».

Me quedé patitiesa en la mesa, mientras la veía eliminar una palabra, después otra, entonces toda una línea. Luego sus ojos se achicaron y tenía la punta de la lengua al lado de la boca; estaba pensando. Poco después brotaron las palabras de su lapicero como reemplazo.

«Esta es una canción de Brian» protesté asombrada. Ni a mí ni a Brian se nos ocurriría editar el trabajo del otro. Podremos decir que le hace falta algo, o que no parece expresar lo que trata de decir, o que se ha forzado demasiado al tratar que rime, o algo así. Pero jamás cambiaríamos una palabra, ese es trabajo del autor original, y solo, *solamente* lo haríamos si la otra persona accede. Respetamos demasiado el trabajo del uno y del otro como para cambiarlo sin preguntar.

—Mamá, tienes que parar. Ahora mismo. Simplemente para.

—No, no, querida. Cuando terminemos te va a encantar.

—¿Terminemos? ¿Nosotras? No me metas en esto.

—Pero tú misma has dicho que le hace falta algo.

—Pero eso le corresponde a Brian...

—Nos lo agradecerá.

—Y dale con el *nosotros*. Mamá. Por favor. Realmente no sabes lo que estás haciendo.

—Seguro que sí, he sido entrenada.

—Pero no es tu canción.

—¿Estás diciendo que no sé de música?

En ese momento comenzó la pelea. Mis objeciones se convirtieron en un ataque personal.

Por supuesto, después de un par de horas de palabras ardientes y enojos, y luego de que mi padre se envolviera en el asunto para poner las cosas en su lugar, terminó la batalla. En realidad, mi padre dijo algo que llegó a ser muy importante para mamá y para mí.

La importancia de las relaciones personales

Hasta ese momento entendí las fronteras que Brian y yo establecimos alrededor de nuestro trabajo, y las respetaba profundamente. Pero no estaba completamente segura por qué las habíamos establecido. En cierta medida siempre se lo adjudiqué al orgullo.

Después de todo, escribíamos canciones para el Señor. ¿Acaso no queríamos que esos cantos fueran lo mejor posible? Y, ¿acaso en el proceso creativo algunas veces dos cabezas no son mejores que una, con cada persona resaltando las ideas en la cabeza de la otra, mejorando lo creado? ¿Acaso no fue esa la razón por la cual la escuela de cooperación de Lennon-McCartney funcionó tan bien?

«No, esto no es orgullo» dijo mi padre, «Brian está escribiendo sobre su relación con Jesús, su Dios, su Creador, la Persona en el universo que mejor lo conoce y lo ama. No lo ama *de todas maneras*, sino que simplemente lo *ama*. Esa es una relación muy personal y cada palabra de una canción de esa índole es importante y personal. Por eso es que tú y Brian tienen que ser dueños de sus canciones. No es asunto de orgullo, sino porque no importa cuál parezca ser el tema de la canción, el verdadero tema es su relación con Él. Y además, nadie puede poner palabras en tu boca en cuanto a eso».

Realmente no hay que decir que cada palabra original de «titlesongoeshere» se quedó, y mi mamá conversó con Brian por mucho rato, excusándose por lo que hizo.

Como la mayoría de lo que escribimos, «Dios y yo» realmente creció dentro de mí, particularmente a medida que comencé a verlo a la luz de lo que mi padre había dicho. Estas palabras le salieron del corazón a Brian. Expresan una maravillosa relación entre Dios y uno de sus hijos, en este caso, al que amo. Pero más importante aún, a medida que la canción se hizo cada vez más parte de mi ser, también comenzó a reflejar la relación entre Dios y yo.

Versículos tras la canción

Como son más altos los cielos que la tierra, así son mis caminos más altos que vuestros caminos, y mis pensamientos más que vuestros pensamientos.

Isaías 55.9

Albuquerque, hace un par de años.

Estábamos a punto de presentarnos ante un auditorio lleno. Brian y yo, así como los otros artistas no reunimos a orar tal y como hacemos antes de cada presentación. Nuestra oración fue sencilla. Le agradecimos al Señor por darnos la oportunidad de servirle a los que estaban en la audiencia, y pedimos poder glorificarle.

Ahora, todos al orar teníamos algún tipo de respuesta en mente. Si oramos antes de un juego de balompié, queremos que el Señor nos ayude a ganar. Si oramos antes de enseñar, esperamos que la clase salga bien. Nuestra esperanza antes de esa presentación era que toda la música saliera tal y como la ensayamos; que la vocalización estuviera libre de errores y que todos los equipos eléctricos funcionara bien.

Que no hubiera complicaciones.

Resultó que Dios deseaba otra cosa.

Las cosas comenzaron bien. Todo lo técnico funcionó bien: los parlantes, los instrumentos, la iluminación. Los vocalizadores estaban en su lugar. Recordé todas las palabras y canté afinada. Íbamos de camino a una gran presentación. Pero al comenzar la cuarta canción, se me cayó la voz. Literalmente. El sonido me salía por un segundo y al siguiente no salía ninguno.

Eso no es completamente cierto. Podía hablar, pero no cantar, o más bien *podía* cantar, pero sonaba *verdaderamente* feo.

Entonces, un auditorio lleno y sin voz. ¿Y ahora? Piensa rápido, Crystal.

Comencé a hablar mientras me secaba las lágrimas que se formaron de inmediato. Le conté el problema a la audiencia y no hubo mayores consecuencias. Entonces empecé a hablar sobre el Señor. Lo que significaba para mí, su control en cosas como esta. Di mi testimonio y hablé sobre la salvación. La audiencia todavía estaba conmigo, pero podía ver que estaban inquietándose. Música. Nos hacía falta música. Llamé a un grupo de jóvenes de la fila delantera para que subieran a la tarima y con todo el acompañamiento cantamos una de mis canciones. Entonces llamé a otros y cantamos otra. Más personas y otra canción. A la audiencia le encantaba. Hablé un poco más y después subimos más personas. La música era excitante y todas las voces rebosaban de gozo en sus corazones.

Al final de la noche hice la invitación como siempre y pasaron más personas que nunca antes. ¡Qué noche! Se salvaron muchas almas, y aprendí muchas cosas importantes sobre mi Señor.

Presumimos de tanto. Con tanta frecuencia hacemos grandiosos planes, conociendo indudablemente que sabemos qué es lo mejor. Oramos sobre lo que hemos de hacer. Brian y yo oramos mucho por esa serie de presentaciones. Queríamos a Dios en el centro de cada uno de ellas. Pero después de eso, a pesar de orar antes de cada presentación, nuestra constante oración secreta era: *Que esta presentación sea como la anterior. Señor, no queremos sorpresas. Nos hemos esforzado mucho para que sea una buena presentación.*

Esa noche Dios nos dejaba saber que sus caminos no son los nuestros, ni sus pensamientos los nuestros, y su presentación no tenía que ser necesariamente la nuestra.

Luego, Brian y yo hablamos sobre el increíble éxito de esa presentación, éxito por la cantidad de personas que pasaron adelante, y llegamos a esta conclusión: Nuestro testimonio, el suyo y el mío, es sencillamente decirle a otro lo que el Señor Jesús ha hecho por nosotros, cómo ha cambiado nuestras vidas, cómo su servicio es el único que satisface, cómo jamás nos ha defraudado el creer en Él. Cualquier testimonio requiere validez. Como mi voz falló y de pronto me vi luchando en la tarima, me convertí en algo muy real para aquella audiencia. Todos podían identificarse con alguien metido en problemas. Y cuando me vieron comenzar a divertirme en el asunto, cuando esa diversión incluyó su increíble ayuda, llegué a serles *muy* real. Así que cuando hablé sobre Jesús, me creyeron. De pronto era una amiga diciéndoles algo muy importante.

Brian estaba en lo correcto al escribir «Dios y yo». La brecha entre la pureza de Dios y la nuestra es enorme. Probablemente alcanza la extensión del universo. Nada en esta vida o la siguiente es tan importante como nuestra relación con Dios. Pero, ¿cómo podemos pasar por esa brecha? Realmente no podemos. Jesús lo hace. Cuando lo aceptamos como nuestro Señor y Salvador la brecha desaparece y comienza nuestra relación con Él. Somos reconciliados con nuestro Padre en el cielo, y el Espíritu de Dios comienza a morar en nosotros. De pronto nuestras vidas son diferentes. Ahora queremos agradar a Dios. Ahora trabajamos para aprender sobre Él y confiar en Él. Comienza la mayor aventura de nuestras vidas, una aventura sin fin.

Mi padre también está en lo correcto. Nuestra relación con nuestro Salvador es muy personal. Definirla parece superar lo que pueda expresarse verbalmente.

Hay momentos en la iglesia en que veo cosas increíbles en los rostros de los ancianos. No estoy segura por qué son los hombres, pero así parece ser en mi iglesia. El pastor puede estar hablando sobre el Señor y cómo obra en nuestras vidas cuando de pronto, en unos cuantos rostros de los ancianos, veo el indicio de una sonrisa. Una sonrisa calmada y sabia como si un recuerdo floreciera de algún momento en la lejanía del tiempo. Veo entonces una lágrima, un punto brillando en la esquina de sus ojos, y como un vaso se va llenando de agua, los veo llenarse de lo que solo puedo imaginarme es el Espíritu Santo, perceptible aunque indescriptible. Sentada allí en los banquillos los veo muy cerca de Él en ese instante, muy cerca.

Estoy maravillada.

He hablado con uno de ellos sobre eso, pero tampoco puede expresarlo muy bien verbalmente. «Creo que es a punto de entregárselo todo» dice él. «Pero también es saber que te ama. Que realmente te ama. Tengo setenta y tres años, y he visto al Señor demostrarme su amor muchas veces. Cuando joven lo daba por sentado. Ya no. Y todavía no he llegado. Algunas veces mientras más me le acerco más lejos parece estar. Es posible que no me acerque lo suficiente hasta que me lleve a casa. Es un Dios tan maravilloso. Y, también, ha sido tan bueno conmigo».

«Pero, ¿cómo desarrolla una relación íntima con el Señor?»

Caviló un momento. «Hay que desearlo» dijo finalmente. «Hay que desearlo mucho».

Entonces sus ojos brillaron y prosiguió a unirse con su familia.

Por supuesto que uno tiene que desearlo. ¿Qué respuesta era esa? Pero luego de pensarlo por un momento, me percaté de que era la única respuesta. Tenemos que *desear* una relación íntima con el Señor. Tenemos que desearla tanto, que estemos dispuestos a entregarnos en el proceso.

Cuando salí a la tarima en Albuquerque, estaba allí para servir al Señor. Pero le servía según mis condiciones. Una vez que me quitó la voz para cantar esa noche, estaba allí para servirle según las *suyas*. Ya no podía depender de lo trillado, lo que podía hacer de una u otra manera. Tenía que depender de Él por completo, sabiendo que no importaba de qué me había enorgullecido en el pasado. Eso ahora ya no me servía. Solo Él.

Su relación con Dios es tan personal. Está envuelta en quién es usted, en lo que hace, en las razones por las cuales lo hace. Y no solo en cosas superficiales, sino en quién realmente usted es, las verdaderas motivaciones que tiene para hacer las cosas. Cosas muy personales. Es posible que parte de ellas lo espanten un poco. Pero no importa cuál sea su situación, lo animo, de no haberse animado ya, a que empiece a mover todo su ser más cerca del Señor mediante Jesús. Cómo hacerlo es algo entre usted y el Padre. Sé que tiene que comenzar con oración y un deseo sincero.

Aún le resta mucho a mi relación con Jesús. Al igual que mi amigo anciano en la iglesia, es probable que no me satisfaga hasta que me lleve a casa. Pero he visto destellos de lo que es estar cerca de Él. Pequeños indicios de su presencia íntima y quiero mucho más. Lo quiero cerca cuando esté en la tarima por Él, o jugando o enseñándoles a los niños de Él. Cuando esté haciendo cualquier cosa como artista, esposa, y madre. No importa qué esté haciendo, siempre quiero que sea entre *Dios y yo*.

ONCE

Por un momento así

Construí mi casa en la ladera
de un alto monte, muy especial...
Allí he tenido tan buena vida;
es más de lo pedido
mas no lo que soñé...

Cuántas veces oí una voz llamándome:
¡Sube más alto y maravillas vas a ver!
Mas podrá llegar una tempestad...

Por un momento así
no hay grande riesgo para mí.
No me he lanzado al vacío a volar,
ni camino sobre agua...
Mas si me vuelvo atrás,
¿cómo sabré lo que perdí?
Después de haber esperado hasta aquí,
por un momento así...

Me he contentado en no hacer preguntas
que agitan ríos, que mueven al mar;
Las aguas quietas son más tranquilas;
calman mi espíritu
con su cantar...

¿Qué está alejándome de anhelar
ser libre de la indiferencia espiritual?
Mas podrá llegar una tempestad...

A veces hay momentos de comenzar a volar
aún con temores...

—Anne Barbour

Anne Barbour escribió esta canción, así como «El cordero y el león» en *La Belleza de la cruz*, mi grabación anterior. Es una dama muy talentosa. Como siempre estoy interesada en el impulso creativo, cuando estábamos revisando la canción para *Oro*, le pregunté qué la había llevado a escribirla. Dijo esto: «En esta canción hay cierto tipo de profecía que se cumple por sí misma. De no ser cristiana y no saber que Dios está en control, creería que era un tanto misteriosa.

Había terminado de leer el libro de Ester. Trato de leer la Biblia entera cada año, así que ya había leído Ester varias veces. pero esta vez pareció tocarme más profundamente. Especialmente cuando Mardoqueo le dijo a Ester que no había manera de escapar de la matanza de judíos que se avecinaba y que tratara de obtener la ayuda del rey para detenerla. Él continúa diciéndole que es posible que fuera colocada en el palacio por Dios *para un momento así*.

»Comencé a pensar en eso: la idea de que nuestras vidas pueden ser una serie de citas, que Dios nos hace citas y nos prepara para ellas, colocándonos finalmente en donde podemos cumplirlas. Ester, una judía, ganó el concurso de belleza que le dio acceso singular al rey, y la oportunidad de interceder ante él a favor de los judíos.

»Por supuesto, todo esto me hace preguntar: *¿Qué cita divina me espera en el horizonte?*

»Una de esas citas era escribir esta canción. Inspirada por lo que encontré en Ester comencé a poner palabras sobre el papel. Escribía una línea, cuatro palabras, y durante las horas subsiguientes las miraba, así como a la parte blanca del papel debajo de ellas. Finalmente, increíblemente frustrada, me rendí.

»Un par de meses después mi esposo comenzó a leer un libro. Eso en él no es raro pues lee mucho. Pero ese era una novela de vaqueros. Jamás lee ese tipo de literatura pero por alguna razón fue atraído a esa. Trataba sobre Billy el niño y un cristiano adinerado que internaba misioneros desde el este para servir al ministerio que se estaba abriendo en el oeste.

»En donde trabaja mi esposo hay un caballero que realmente no es muy agradable, un tanto tosco y malhumorado, con quien es difícil hablar. Resulta que este individuo estaba leyendo un libro sobre lo mismo y esto le dio la oportunidad a mi marido de algo de qué hablarle. El relato sobre los misioneros le ofreció una oportunidad de testificar. Esa noche, mi esposo me dijo que la lectura de ese libro fue como si el Señor lo estuviera preparando para testificarle a esa persona. Entonces recordó que traté de escribir una canción sobre el tema y sugirió que lo intentara de nuevo.

»No quería. Recordaba cuánto me había esforzado y no quería pasar de nuevo por eso mas cedí por causa de mi esposo. Pero esta vez las palabras me salieron espontáneamente. No podía escribir lo suficientemente rápido. Cuando la terminé, era una canción diferente. Decía lo mismo, pero de manera muy diferente. Antes, estuve enfocada en Ester. Ahora era muy personal, casi íntima. Cuando terminé, te llamé inmediatamente. La parte misteriosa era que habías estado pensando en lo mismo».

Anne estaba en lo correcto. Había estado pensando sobre cada asunto. Pero hace unos meses atrás, cuando se sentó por primera vez a escribir esa canción, yo no estuve pensando en eso. De haber llamado en aquel entonces es probable que le hubiera sugerido que llamara a otra persona. Pero ahora la canción encajaba perfectamente en lo que comenzaba a ver como el tema que debía emerger de *Oro*, las luchas de la vida cristiana y las razones tras ellas.

Un frente unido

Pero la preparación para cuando llamara Anne fue más específica aún.

Unos días antes, mi madre y yo conversábamos por teléfono. «¿Sabes?» comenzó a decir al final de la conversación, «si tú y Brian no se hubieran casado, no tendríamos a Salomón e Isabella. Querida, me alegro de que no nos hiciste caso».

Cuando colgué empecé a pensar en lo que había dicho. Brian y yo luchamos con la decisión de casarnos, una lucha que se hizo mucho más difícil porque mis padres se opusieron. Pero Brian y yo nos casamos, y resultó ser la decisión correcta. No solo somos muy felices, y tenemos a Salomón e Isabella, sino que nuestro matrimonio trajo algo muy importante a nuestra música.

Vemos nuestra música como un ministerio porque lo es. Pero también estamos en el *negocio* del entretenimiento y la música. Experimentamos las mismas presiones que tiene cualquier artista secular. Las mismas tentaciones, especialmente las que llegan con cierta fama y muchas veces relacionadas con personas que quieren ganar dinero promoviendo el talento que Dios le ha dado a un artista. Por eso, este negocio es tan volátil como incierto. Y como lo que está en juego es de suma importancia, la tentación en otros de querer aprovecharse de la inocencia de la juventud es igualmente importante. Aunque en la mayoría de los casos tratamos con cristianos, de vez en cuando uno no se da cuenta de eso.

Como matrimonio Brian y yo discutimos las cosas y juntos tomamos las decisiones sobre el ministerio. Cuando uno de nosotros deja descuidadamente al Señor fuera de ese proceso, el otro no lo hace. Ya que siempre tomamos en cuenta el punto de vista del otro, hay menos probabilidad de que corramos riesgos tontos, y como siempre deseamos darle al otro el mejor consejo, meditamos en las cosas. El que seamos una familia así como los socios en los negocios, hace que nuestro ministerio sea menos vulnerable a las inclinaciones del mundo y los artificios de Satanás.

Pensaba en todo esto cuando Anne llamó para que evaluáramos la canción. Sabía de inmediato que Dios y Anne habían creado esa canción *para un momento así*, y una grabación *como esta*.

Versículos tras la canción

¿Y quién sabe si para esta hora has llegado al reino?
Ester 4.14

Jamás se menciona a Dios en el libro de Ester. Ni una sola vez. Es el único libro de la Biblia en donde no se le menciona. Sin embargo, es difícil encontrar un libro en la Biblia en donde Él sea más evidente. No solo vemos a Dios realizando su plan mediante sus relaciones con personas comunes y corrientes, sino también a los niveles más altos del poder gubernamental.

¿Y qué hacía Dios?

Protegía a su pueblo de la tiranía de un hombre poderoso y en el proceso, les mostraba que estaba allí para ellos. No solo los capacitó para sobrevivir sino que también fortaleció su fe.

Pero hay otra dimensión del libro de Ester, *Ester misma*

Creados para buenas obras

Ella era una joven y hermosa mujer judía sacada literalmente del anonimato mediante un concurso de belleza para convertirse en reina y esposa de Jerjes, el gobernador de Persia, un poderoso imperio que se extendía desde la India hasta la región superior del Nilo. Jerjes gobernó del 486 al 465 a.C. Para Ester, las cosas cambiaron con bastante rapidez. Un día era como las personas judías comunes y corrientes, con su piel curtida por el sol y durmiendo en una estera sobre el suelo. Al día siguiente las personas se postraban ante ella como reina, su piel tratada con aceites perfumados, oliendo los ricos olores de carnes asadas y flores flotando por todo el palacio de Susa, y durmiendo sobre sábanas de seda.

Imagínese arrojada de pronto en esa situación, insegura de las reglas, insegura porque no sabe si su poder corresponde con el nivel de comodidad que disfruta, y preocupada porque decir lo incorrecto en el momento incorrecto ante la persona incorrecta podría poner todo en peligro. Y ahora había mucho que perder. Imagínese a Ester realizando un cambio tan difícil y mantener su equilibrio de todas maneras. Y los hechos demostraron que lo mantuvo bastante bien.

Ahora bien, los cristianos podemos diferir en cuanto a cuan envuelto está el Señor en nuestras vidas, y no pretendo tener todas las respuestas. Pero si hemos de creer la Palabra de Dios, mi vida, su vida, todas las vidas cristianas tienen elementos propios que nuestro Señor llama «buenas obras». Estas son nuestras obras que, al ser probadas en ese último día, no se quemarán como la madera, la paja o el heno, sino que permanecerán como oro.

Examine una vez más su vida. ¿Cuáles son algunas de sus buenas obras? Quizás llevó a alguien a Cristo. Quizás enseñó una clase de Escuela Dominical. Crió a sus hijos o probablemente aún lo hace, como lo estoy haciendo yo. Sea sincero consigo mismo. Todos sabemos que el Señor está muy envuelto en estas buenas obras, así que realmente no podemos adjudicarnos todo el crédito, pero, después de todo, son tareas que el Señor nos dio para hacer.

Tengo una amiga que hace la revista de la iglesia. Esa obra va a terminar dorada. Tengo otro amigo que ayuda a las iglesias a utilizar computadoras, y algunas veces me ayuda a mí. Ahora bien, eso sí va a terminar dorado. Las buenas obras son todas esas cosas de las cuales estamos consagradamente orgullosos, y enfatizo consagradamente. Quizás aún es joven y la lista es corta. O quizás tiene la edad de mis padres y ha tenido una vida como la de ellos por lo que la lista es extensa.

Si hemos de creer en la Escritura, no importa si la lista es corta o larga. Lo que importa es hacer lo que se nos indicó que hiciéramos de manera humilde y amorosa, dándole todo el crédito al Señor.

Lo otro que parece propio de una lista cristiana de buenas obras es que cada una de ellas parece prepararnos para la próxima.

¿Se ajusta eso a las suyas? Si enseña en la Escuela Dominical su éxito en un tema relativamente sencillo para una clase pequeña, ¿lo preparó para enseñarle un tema más complejo a una clase más grande? Ese principio se ajusta verdaderamente a mi amigo que instala sistemas computarizados para las iglesias. Comenzó instalando una computadora que hacía solo una cosa y ahora instala varios tipos computadoras que hacen toda clase de operaciones complejas, desde nóminas de sueldo hasta responder teléfonos. Quizás no es fácil ver el vínculo entre las obras que ha hecho. Quizás es más fácil ver cómo ha desarrollado ciertas capacidades y disciplinas en un área que terminó ayudándolo en otras.

Ese ciertamente fue el caso de Ester.

Uno podría argumentar con facilidad que Dios no hizo nada para prepararla para una vida en el palacio. ¿Cómo es posible que una vida entre ciudadanos comunes y corrientes la haya preparado para la intriga en la corte de un palacio? Pero no creo que eso es cierto. Vamos a considerar las cualidades que separan a Ester: su belleza y humildad juntamente con una evidente confianza real, su gentileza en su trato con el rey, su inteligencia, su valentía, su sentido del deber y lealtad, y por último, lo más importante, su amor por el Señor. Todo esto fue inculcado en ella solamente por Dios con la ayuda de su padre Mardoqueo.

¿Y usted? ¿Cómo ha obrado el Señor en su vida? ¿Puede mirar hacia atrás y ver el sendero de preparación, seguido por buenas obras, seguido de más preparación? Después de todo, todos somos obras en progreso. No tenemos manera de conocer cómo seremos usados en el futuro.

Así tampoco Ester tenía manera de conocer cómo sería usada.

Luego de vivir esa privilegiada vida por un tiempo, luego de ver un futuro exaltado desde su ventana tan alta como las nubes, debe haber sido difícil escuchar que había llegado el momento para arriesgarlo todo, incluyendo su vida. El malvado Amán hizo que el rey Jerjes condenara a muerte a todos los judíos en Persia. Al tomar en cuenta el tamaño y la localización de Persia, es posible que fuera la mayoría del remanente judío del cautiverio babilónico. Solo el edicto del rey podía salvarlos y, por su posición y herencia, solo Ester estaba en posición de llevarle el mensaje al rey. Si el rey reaccionaba negativamente ante su presencia espontánea, podía perder su vida. Esto era como caminar sobre una cuerda floja muy elevada. Mardoqueo percibió su titubeo y le advirtió vigorosamente en contra de ello. Después de todo, era probable que ella hubiera nacido para ese importante momento en la historia judía.

Con nuestra preparación para la tarea, viene la responsabilidad de realizar la misma. Cada vez que subo a un estrado me veo obligada a entregarle todo. Es el contrato que tenemos.

Usted *es* responsable por enseñar esa clase, criar esos niños, alimentar a los pobres, construir esa casa en Méjico, dirigir ese coro, cantar ese solo, o escribir esa novela cristiana.

Ester también era responsable por lo que se le encargó hacer. Y asumió esa responsabilidad. Ordenó un ayuno de tres días para todos los judíos en Susa, un período de tres días de oración y comunión con el Señor. Entonces fue a ver al rey.

Al pasar por pruebas, al aprender cosas y aplicarlas, al adquirir experiencia, al vivir su vida día a día, recuerde que un día podrá mirar hacia atrás y percatarse de que lo que pasó fue la preparación *por un momento así.*

DOCE

Oro

Para ti, esposa,
mujer abandonada,
tu esposo te dejó por otra...
Y para tus niños,
pues el amor que merecían
les ha dejado de pronto...

Felices son los que lloran
pues ellos serán consolados...
He visto que hay muertes que traen vida y paz.

Tus dolores, sufrimientos,
y tus pruebas oro son...

Para ti, esposa,
quien va a criar sus niños
sin conocer que puede hacer para sostenerlos...
Los cumpleaños y juegos
y navidades,
jamás serán igual...

Felices son los pobres en espíritu,
pues suyo es el Reino de los Cielos.
He visto que hay muertes que traen vida y paz...

Tus tristezas, tu dolor,
y tu pruebas oro son...

—Chris Lizotte

Como mencionara, mi cuñado Chris Lizotte escribió esta canción. Casado y con hijos, conoce el sacrificio que hacen los padres cristianos para asegurarse de que sus hijos tengan la nutrición física, emocional y espiritual necesaria. Sabe que hacen falta dos para que un padre pueda relevar al otro en un tipo de carrera y ninguno de los dos se abrume.

Así que cuando el esposo de una amiga íntima la dejó por otra mujer, abandonándola a ella y a sus tres hijos, Chris no solo estaba enojado con el esposo, sino angustiado por la que ahora era una familia desmembrada. «Oro» salió de su interés por esa mujer y sus hijos.

No obstante, la elección de «Oro» para esta grabación tiene sus raíces en mis experiencias y las experiencias de algunas personas que conozco.

Tim y Jennifer asistieron a una iglesia a la cual fui por un tiempo. Ella era enfermera en un hospital local y él teniente en la infantería de marina y piloto de helicóptero. No tenían niños. Él era un hombre guapo y ella era encantadora. Eran muy felices. En realidad, su felicidad parecía invencible, como si estuviera amurallada en lo alto de una colina completamente inaccesible. Pero, por supuesto, eso no era así. Una noche durante un ejercicio de entrenamiento, mientras experimentaban unos lentes para ver de noche, Tim se estrelló en una montaña. Él y otros cuatro murieron.

La vida de una esposa de un infante de marina está nutrida por la idea de que es posible que un día su hombre no regrese a casa, pero Jennifer no estaba preparada para esto. No había guerra, ni balas volando, ni hubo una emboscada. Simplemente salió para el trabajo esa mañana, como siempre hacía, y esa noche no regresó.

Naturalmente, estaba devastada. Pero después de un tiempo, su fe se encendió. Volvió a trabajar y comenzó a tratar a los que estaban físicamente enfermos tal y como lo hacía antes. Ahora podía tratar a los enfermos espiritualmente con un arma nueva y poderosa: una vida de testimonio con energía renovada.

Sus colegas se le acercaban, ofreciéndole su simpatía que aceptaba con gracia, entonces se maravillaban de cuán bien lucía. «Es difícil, Dios lo sabe, pero realmente me consuela saber que Tim está en el cielo con Jesús» decía. Al menos dos de las otras enfermeras fueron lo suficientemente impresionadas por su aplomo como para escuchar el resto del evangelio.

Un par de años después de la muerte de Tim, Jennifer comenzó a citarse con un hombre de la iglesia que era un solterón empedernido y que no había alcanzado mucho espiritualmente, lo cual admitía rápidamente. Se enamoraron y ahora tienen dos niños. Poco después de su matrimonio lo ordenaron diácono de la iglesia.

¿Acaso Tim tenía que morir para que pasara todo esto?

Bueno, no todo. Pero Tim murió, como lo haremos todos, y a través de la prueba que su muerte ocasionó en otros, surgió oro.

¿Cómo es posible ver dolor positivo en la adversidad y la aflicción? Jennifer sabía que tenía que vivir de día en día, algunas veces un minuto a la vez. Su oración, como todas nuestras oraciones durante las pruebas como esas, era que tuviera la fortaleza para permanecer fiel al Padre, y que su lealtad pudiera ocasionar el bien.

Es tan difícil imaginarse cuánto bien puede surgir de ciertas circunstancias. Pero la Escritura enseña claramente que puede ser, y será. Después de todo, ¿qué bien pudiera surgir de que los hermanos de José lo tiraran a una cisterna, o que Goliat humillara a todo el ejército israelita, o el trágico apedreamiento de Esteban, o que colgaran a un humilde hijo de carpintero en una cruz en Judea? Pero hubo crecimiento; y se cambiaron vidas. Hubo personas que se reformaron en el ardor de esas aflicciones, en algo más cercano a la imagen de Jesús.

Y en ningún otro sitio el calor es tan intenso como lo es para los cristianos encarcelados.

La lealtad se convierte en oro

Jamás he sido prisionera. Inclusive como adolescente, cuando sentía la necesidad de rebelarme cada vez que pudiera, jamás sentí que estaba encarcelada (por supuesto, ¡eso sorprendería a mi padre!). En mi anhelo de relacionarme con los prisioneros, he tratado de imaginarme cómo sería. La única analogía que se me ocurre es que tiene que ser como el infierno: la prisión es un lugar horrible y no hay salida. Nada podría liberarlo, ni sus palabras, ni cualquier excusa que pueda ocurrírsele. Su única esperanza de libertad es cumplir su condena, y usted siente eso cual una eternidad.

Estoy envuelta en un pequeño ministerio en una prisión en donde, de vez en cuando, canto y hablo en el servicio dominical vespertino. No importa cuán a menudo vaya, es una experiencia emocionalmente agotadora que comienza al entrar. Todo es tan gris y austero, y aunque el personal de la prisión es amistoso, son tan impersonales como los detectores de metales y las puertas de hierro. Cada vez que paso por el patio de la prisión, tengo el mismo sentir: No sé por lo que están pasando las mujeres que voy a conocer esa noche, entonces, ¿cómo es posible relacionarme con ellas o su situación?

Ellas, por otro lado, saben exactamente cómo vivo. Estoy *libre*, y cuando llego me miran con ojos helados, deseando parte de esa libertad.

Estar parada allí también asusta. Estoy segura de que un día los guardias se olvidarán de quién soy y no me dejarán salir. Pero estar parada allí también es excitante. Al pasar por todos esos sistemas de seguridad, siempre experimento el noble sentimiento de un *bien inminente*. Con tantas almas adoloridas, es fácil creer que al menos alguien será tocado.

Una noche en particular una abrumadora sensación de incompetencia pareció visitarme con una intensidad extraña.

¿Qué podría decir entre mis canciones que *pudiera* ser significativo? Después de todo, simplemente soy la hija de un predicador cuya vida fácil no podría haberme preparado en manera alguna para decir nada de valor a estas reclusas. Al pararme allí con mi acompañamiento, algo dentro de mí me hacía una buena pregunta: *¿Qué hago aquí?*

Les presento a Laura. De unos cuarenta y cinco años pero muy atractiva. Se encontraba esperándonos en la puerta con Bruce, nuestro auspiciador. Creí que era un nuevo miembro del equipo de ministerio ya que no la había visto antes y porque hablaba con mucha fluidez sobre el entusiasmo de las mujeres ante nuestra llegada. Durante el servicio fue una inspiración, cantando, aplaudiendo, sonriendo. Nadie se sorprendió más que yo cuando nos acompañó de vuelta a la puerta de salida, se despidió cálidamente, y se quedó tras las rejas una vez cerrada la puerta.

Menos de una semana después recibí una carta de parte suya. Luego de expresar su gratitud por nuestra visita, me comunicó algunos de los increíbles conocimientos sobre la vida en la prisión y sus reflexiones sobre el corazón de Dios. He aquí una breve porción de esa carta:

> *...Se sorprendería de quién usa Dios para tocar a los que estamos aquí. Aquí llegan equipos de ministerio compuestos por redimidos que fueron adictos a las drogas y que, por supuesto, al comenzar a dar testimonio tocan a muchos. Pero entonces están otros aquí que provienen del mismo trasfondo que ustedes. Soy una de ellas. Soy hija de un predicador. He estado aquí durante quince años. Saldré cuando Dios lo diga. Así que, sencillamente entérese de que Dios usa muchas personas para bendecirnos. ¡Hasta a usted! Creyó que no tenía nada en común con ninguna de nosotras (aparte de que todas somos parte del mismo Cuerpo de Cristo) pero así es. Tenemos algo en común, así como muchas otras de las*

muchachas que están aquí. Me alegro de que fuiste
obediente al llamado del Señor porque realmente me
bendeciste, así como al resto. Gracias...

Antes de terminar de leer, derramaba lágrimas sobre la página. Lloraba por muchas razones. Una era simple gratitud a mi Señor por lo atenta que fue Laura. A pesar de todas mis ansiedades, fui de valor esa noche. Invertí tiempo en ir y Dios convirtió mi lealtad en oro. Algunas veces nuestra disposición a ubicarnos en una situación difícil es lo único que nos hace falta para comenzar el proceso de refinación.

No mucho después de recibir esta carta, Brian y yo comenzamos a escribir canciones para esta nueva grabación, que aún no tenía título. Pero antes de escribir la primera nota, escuché nuevamente la grabación que hiciera Chris de esta canción. Es un mensaje poderoso, unido a los sentimientos que creó la misiva de Laura, que hicieron que «Oro» fuera algo obligatorio. Entonces, a medida que se presentaron las canciones, todas parecían unirse alrededor del mensaje bíblico del «Oro». Estoy orando para que lo toque a usted como me ha tocado a mí.

Versículos tras la canción

Mas Él conoce mi camino; me probará, y saldré como oro.
Job 23.10

Aunque estoy muy consciente de las promesas de Dios, cuando llegan los momentos difíciles pienso inmediatamente que este es el momento cuando Dios me va a desilusionar (que, por supuesto, jamás lo ha hecho). Entonces exclamo: *¿Por qué tengo que pasar por esto (sea lo que sea)? Si Dios quiere enseñarme algo, ¿por qué simplemente no me escribe una nota o me matricula en un seminario? Algo en Lake Tahoe sería agradable.*

El oro del refinador

Bueno, la nota que me escribe es su Palabra, la Biblia. Y Él, como cualquier otro maestro, sabe que la experiencia es la única maestra verdadera. Pero es posible que la enseñanza no sea lo único que tenga en mente. Es probable que también considere la refinación. Al pensar en cómo describir el proceso de refinación desde la perspectiva de Dios, no puedo mejorar algo que escribió Arthur T. Pierson:

> *Padre nuestro, que busca perfeccionar a sus santos en santidad, que conoce el valor del fuego refinador. Es en los metales más preciosos que el ensayador más se esfuerza, y los somete al fuego caliente, porque esos fuegos derriten el metal, y solo la masa derretida suelta su aleación o adquiere de manera perfecta su nueva forma en el molde. El antiguo refinador jamás abandona su crisol, sino que se sienta a su lado, para que no haya un grado excesivo de calor que dañe el metal. Pero tan pronto como limpie la superficie de los últimos vestigios de escoria, y ve su rostro reflejado, apaga el fuego.* [1]

Una de las impurezas que Dios, el refinador, saca a la superficie en mi vida es la *preocupación*. Y, créame, la saca a la superficie con bastante frecuencia. Como estoy en el ministerio, hay un millón de cosas de qué preocuparse: ¿Acaso es nuestra música tanto contemporánea como honrosa para Dios? ¿Acaso las letras son comprensibles y significativas, así como evocativas? Y lo que llamo el abuelo de todas las preocupaciones: ¿continuará Dios pagando las cuentas a través de nuestro ministerio? Pero también soy esposa y madre, y esa responsabilidad acarrea otro millón de preocupaciones, quizás hasta unas cuantas más.

1. Pierson, Arthur T., «Refiner's Fire», *Streams in the Desert*, Zondervan, Grand Rapids, Michigan, 1997

A través de los años he visto un patrón en mis preocupaciones:

- Estoy consciente de que hay un problema.
- Invento el peor resultado posible para el problema.
- Veo todos los problemas que este nuevo problema puede causar.
- Veo todos los peores resultados posibles para todos estos nuevos problemas.
- Veo cuán inútil soy para responder a todos estos nuevos problemas.
- Se me ocurre un plan desesperado de acción para ocuparme del primer problema.
- Hiervo cuando el plan de acción no funciona o si cometo errores al implementar el plan.
- Hiervo un poco más al preocuparme porque es posible que me ocupe del problema equivocado mientras que el verdadero problema sigue descuidado.

¿Entiende? Conmigo, la preocupación tiende a abultarse sobre sí misma hasta verme atada con nudos emocionales. Finalmente, cuando los nudos están lo suficientemente grandes y apretados, me detengo y evalúo las cosas. Normalmente lo primero que hago es sacar la calculadora más grande que pueda encontrar y contar mis pecados. Una lista de ellos podría ser: incredulidad, ansiedad, no buscar en oración lo suficiente al Señor, y no depender de los que están más cerca de mí para que me ayuden y me fortalezcan.

Entonces me preparo y trato de seguir sin esos pecados. Oro cada vez que comienzo a preocuparme. Discuto lo que sea con Brian, o cualquier otra persona que pueda tener información razonable. Me obligo a creer que el Señor no me defraudará, y me esfuerzo en calmarme. Entonces, al continuar, miro al Señor obrar. Mientras lo veo obrando, lo anoto en mi diario, o en la Biblia al lado de un versículo que pueda aplicarse, para que pueda depender luego de esa experiencia.

Es posible que piense que, como me preocupo tanto, *ya debería saber cómo no preocuparme*. Poco a poco lo estoy haciendo. He visto al Señor obrar con tanta frecuencia en mi vida, que la escoria de esos pecados que he enumerado es eliminada poco a poco. Y al eliminarse, el oro que señala la pureza de la creación original brillará de forma más resplandeciente. Soy refinada lentamente.

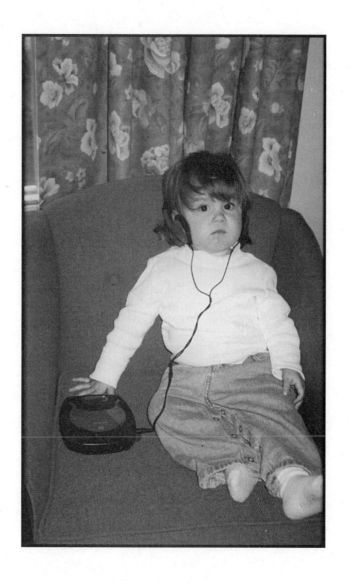

El oro de su fe

La música se desvanece, quizás quedan una o dos canciones en su memoria. Quizás una frase o dos, o quizás simplemente aún resta una palabra en su conciencia, cual mancha solar en su retina.

Quizás una de las canciones lo tocó de manera especial. O quizás fue toda la experiencia de *Oro*.

No importa qué impresión le haya causado nuestro esfuerzo, quisiera dejarle varios pensamientos.

Una palabra de ánimo

La primera palabra de ánimo. Como dice Job 23.10: «Mas Él conoce mi camino; me probará, y saldré como oro».

Lo conoce por ser parte de su pueblo. Lo conoce mucho mejor de lo que se conoce usted mismo, conoce cada pecado que jamás haya cometido, conoce cada esquina oscura de su corazón, no importa por lo que esté pasando, no importa con qué asuntos anda luchando, está allí con usted. Pero más que eso, lo ama con amor indescriptible, un amor que trabaja minuto tras minuto en su vida para asegurarse de que cada paso que tome obra para el bien suyo. Entonces, al caminar por su sendero en particular, búsquelo.

Un amigo cuenta de una ocasión manejando por el desierto de California. Estaba atardeciendo y se vislumbraba una noche sin luna cuando divisó a una dama parada al lado de su auto. Cuando las luces enfocaron sobre ella, hizo señales para llamar la atención porque tenía un neumático pinchado. Luego de orar pidiendo protección, se detuvo e inmediatamente vio tres pequeñas cabezas salir del asiento trasero, obviamente eran sus niños. No tenía repuesto en su auto, y el neumático en el auto estaba arruinado. Le dijo que andaba en un viaje a través del país para llegar a un trabajo en el área de San Francisco y que tenía suficiente dinero para alimento y posada pero no para reemplazar un neumático.

Mi amigo está en el ministerio y no tiene mucho dinero. En realidad, cada centavo tiene su lugar específico. Pero, sin importar la razón, le creyó y sabía que tenía que ayudarla. Puso todo en su auto y tiró el neumático arruinado en el baúl dirigiéndose al pueblo más cercano. Luego de gastar unos cincuenta dólares en uno nuevo, regresó al auto de la mujer. Mientras cambiaba el neumático pudo comunicarle el evangelio de Jesucristo. Después se despidió.

Antes de manejar otra milla, Satanás comenzó a obrar en él. Se le ocurrió que probablemente ella mentía. Él había gastado una buena porción del dinero de la renta que el Señor había provisto, ahora probaba al Señor deseando que proveyera más. Probablemente ella huía de la ley y él terminaría acusado de ser cómplice.

A medida que pasaba la noche, cada vez se le hacía más difícil no preocuparse. Por la mañana no se despertó reanimado y prosiguió abrumado por la preocupación. Después de todo, gran parte de su testimonio era mostrar la leal provisión de Dios, pedir dinero parecía bastante inconsistente con eso.

Pero, más o menos a las diez de la mañana, lo llamó alguien que sonaba bastante acostumbrado a salirse con la suya.

—Mi hija me llamó —dijo. Usted la ayudó. Voy a enviarle el dinero que gastó, y unos cien dólares más por la molestia.

—¿En verdad? Pero solo basta con cincuenta.

Mi amigo sintió un gran alivio y su reserva de fe se llenó.

—No. Le debo algo más.

—No, no me debe nada.

—Mi hija no me había hablado en cuatro años. Me odia, quizás con buena razón. Todavía hay que decidir eso. Pero usted fue tan bueno con ella, y lo que le dijo sobre Dios la impactó tanto que se arriesgó a llamarme. Quería que le devolvieran el dinero. Fue agradable volver a hablar con ella. La amo, pero no soy muy bueno en mostrarlo. Así que Dios, Jesús, ¿hace las cosas mejor? Bueno, me parece que eso aún hay que probarlo también.

—No. En realidad para los que aman a Jesús, no hay necesidad de prueba alguna, simplemente el amor y el Señor. ¿Tiene un minuto?

Entonces, al andar por su sendero particular, mire sus obras de amor y mire cómo muestra su amor por otros a través de usted. No hay mayor estímulo que ver sus pisadas al lado de las suyas.

Una palabra acerca de su oro

Hace poco Gloria, la abuela de Brian, se fue a morar con el Señor.

Era una buena mujer cristiana y la queríamos mucho. Permaneció en el hospital unos cuantos días sufriendo de un tumor cerebral, así que su muerte no fue inesperada. La madre de Brian estuvo con ella casi todo el tiempo durante esos últimos días. Eran muy unidos. Como sabrá, mis padres todavía viven, y oro para que vivan hasta que regrese el Señor. No sabría qué hacer sin ellos. Así que para mí ha sido difícil saber por lo que está pasando mi suegra, al ver a su madre acercándose a la muerte.

Sabía que su madre iba al cielo, estar ausente del cuerpo es estar presente con el Señor. También sabía que su madre no sufría dolor. El Señor bendecía su partida con una calma gentil. Pero aún así, era su madre acostada sobre esterilizadas sábanas blancas, a punto de respirar por última vez. Era la madre que la amó durante cincuenta años, que la había vestido para ir a la escuela, que se había preocupado por ella, que derramó lágrimas por ella, la amaba tanto como pudiera hacerlo cualquier ser humano. Era tan parte de ella como su propio corazón. Allí yacía una mujer que había orado para que ella entrara en el Reino, que había luchado con Dios a favor suyo. Parecía intocable, una entidad separada, por primera vez.

Luego de sentarse al lado de su madre durante gran parte del día, la madre de Brian salió a buscar una taza de café. Cuando regresó, su madre había fallecido. «Se veía tan distinta al morir» nos dijo. «Antes, hasta inconsciente, tenía el fuego de la vida en sus mejillas y en su piel. Pero el fuego se había marchado. Se veía helada, como un cascarón vacío, una máscara corporal. Particularmente su rostro, era como el yeso. Sentía que de tocarla, se quebraría, porque todo lo que tenía por dentro que le adjudicaba identidad propia, se había marchado. Estaba con Cristo».

Habitamos nuestros cuerpos solo durante el tiempo que estamos aquí y luego nos vamos a estar con Jesús. Nos dice que guardemos nuestro tesoro en donde Él está, en donde no será hurtado y no se pudrirá. Entonces, cuando seamos probados, al esforzarnos durante el transcurso de nuestras vidas cristianas como mejor podamos, llegamos a ser más refinados. Lo que dejamos atrás simplemente es tiza. Lo que importa es lo que tenemos guardado allá. Abuela Gloria guardó mucho en el cielo, y somos su prueba, sus certificados de depósito. Porque fue a través de sus oraciones que todos fuimos tocados, algunos para salvación, mediante su intercesión y su amor.

Ahora, al apagar la grabación o cerrar este libro, espero que toque a otros con sus oraciones y sus acciones. Que cuando siga a Abuela Gloria al cielo, su cuenta esté llena de buenas obras, llena de su *Oro*.

Índice de fotos

Capítulo nueve
Brian y yo, 1994.

Capítulo diez
Foto de la cubierta para *The Lewis Ladies*, un disco en donde se distinguieron mi mamá, mis hermanas Candace y Cassandra, y yo.

Capítulo once
Papá (Brian) e Isabella, agotados.

Capítulo doce
Isabella en un cuarto de hotel durante una gira... ¡¿escuchando a mami?!

Capítulo trece
Foto teatral de Crystal.